THÈSE

POUR LE

DOCTORAT

SOUTENUE PAR

Théodose-Oscar LE GOUESLIER D'ARGENCE

AVOCAT A LA COUR IMPÉRIALE DE PARIS

PARIS

ANCIENNE MAISON GUSTAVE RETAUX

PICHON-LAMY ET DEWEZ LIBRAIRES-ÉDITEURS

— 15, RUE CUJAS, 15 —

1869

DE LA

COMPENSATION

EN DROIT ROMAIN ET EN DROIT FRANÇAIS

THÈSE POUR LE DOCTORAT

SOUTENUE PAR

Théodose-Oscar LE GOUESLIER D'ARGENCE

Avocat à la Cour Impériale de Paris

Le Jeudi 23 décembre 1869

PRÉSIDENT : M. VALETTE

	MM. MACHELARD	
SUFFRAGANTS :	GIRAUD	PROFESSEURS
	BUFNOIR	
	GLASSON	AGRÉGÉ

PARIS

ANCIENNE MAISON GUSTAVE RETAUX

PICHON-LAMY ET DEWEZ, LIBRAIRES-ÉDITEURS

Rue Cujas, 15.

1869

F

38538

A MA FAMILLE

DROIT ROMAIN

INTRODUCTION

Lorsque deux personnes sont à la fois créancières et débitrices l'une de l'autre, en droit strict cette circonstance doit rester sans influence sur chacune des deux dettes. Je dois avoir action contre vous pour vous contraindre à me payer les 20,000 que vous me devez, comme vous avez action contre moi pour me forcer à vous payer la même somme dont je suis votre débiteur. Mais ce principe conduirait à des conséquences illogiques et injustes. Illogiques, car il en résulterait un déplacement d'argent inutilement fait; on voit toute la puérilité qu'il y aurait à me contraindre de vous payer d'une main les 20,000 que je vous dois tandis que je m'empresserais de les reprendre de l'autre. Injustes, car il y a une sorte de dol à exiger de quelqu'un ce que l'on sera contraint de lui rendre. On serait obligé, pour sortir de cette situation, de recourir à deux procès; mais sans parler des frais et des lenteurs que Balde a fait très-clairement ressortir en ces termes : « Quod potest breyius per unum actum expediri compensando incassum protraheretur per plures solutiones et repetitiones(1), le débiteur qui a payé celui dont il était lui-même créancier peut craindre de ne pas retrouver dans le patrimoine de son débiteur la valeur qu'il y aura fait entrer.

Il est donc juste de décider que les deux obligations se balancent (compensantur) (2), se neutralisent, et de reconnaître la vérité de cette maxime du jurisconsulte Pomponius (3) » Compensatio necessaria est, quia interest nostra potius non solvere quam solutum repetere.»

L'équité veut donc que l'on tienne compte de l'intérêt des deux parties, aussi est-ce sur des motifs d'équité que repose la compensation. Elle consiste à substituer deux paiements fictifs et réciproques à deux

(1) BALDE cité par POTHIER, *Tr. des oblig.*, t. II, n° 587.

(2) Dans les premiers temps de la république romaine où la vente remplaça l'échange, seule voie ouverte aux transactions commerciales chez les peuples primitifs (loi I, pr. D. *de contr. empt.* 18, 1), la monnaie n'était revêtue d'aucun signe donné par l'autorité publique. Il fallait peser les lingots de métal pour connaître leur valeur. De là l'utilité de la balance dans la *mancipatio*. De là le mot *pensare* (peser) pour signifier payer, et *pensatio*, paiement. *Cum pensare, payer avec*, telle est l'étymologie du mot compensation : une des parties *paie* ce qu'elle *doit avec* ce dont elle est créancière.

(3) Loi III, *de comp.*, D. 16, 2.

paiements réels, et, suivant l'expression de Modestin, on peut la définir : « Debiti inter crediti a se contributio » (1). C'est donc une imputation que chacune des parties fait de ce qu'elle doit sur ce qui lui est dû (2). Elle fut longtemps à s'établir à Rome, et encore ne fut-elle jamais légale, c'est-à-dire existant de plein droit ; elle fut toujours judiciaire, ce qui signifie que ce fut au juge de la prononcer: elle garda ce caractère même sous Justinien, comme nous le verrons dans la suite. Il est certain que la compensation conventionnelle fut toujours permise, car il est de principe que les conventions sont la loi des parties. Seulement, cette manifestation de la volonté était soumise aux règles du droit en matière d'obligations. Selon qu'on avait employé les formes d'un contrat *(res, verba, litteræ, solus consensus)*, ou qu'on s'était contenté d'un simple pacte, on avait pour se libérer une action ou une exception. Tantôt les deux parties devaient employer pour se libérer une *acceptilatio* fictive, tantôt un paiement *per æs et libram* imaginaire. Mais le législateur dut se préoccuper de cette situation et offrir une autre voie aux parties , aussi voyons-nous une compensation judiciaire apparaître dès le premier des systèmes de procédure des Romains, mais elle s'introduisit lentement.

Il est facile, pour quiconque connaît l'esprit lo-

(1) Loi I, D. h. t., et loi II, h. t.
(2) VOET, *ad Pand.*, L. XVI, t. II, § 1.

gique et rigoureux des institutions romaines, surtout à l'origine, de comprendre les causes de cette lenteur, et pourquoi la compensation n'eut lieu que dans des cas restreints.

« L'histoire seule peut faire comprendre le caractère « et la marche des idées sur ce sujet (1).» L'obligation, ce *vinculum juris*, ne peut être *solutum*, d'après les principes du droit civil, que par les modes d'extinction créés par le droit civil lui-même. De même que ce droit sévère des quirites, dont les singularités sont si complétement en dehors de nos idées actuelles, n'admet pour former l'obligation que des modes créés par lui, sans tenir compte des principes de l'équité naturelle, et range au nombre des simples pactes non obligatoires les conventions exprimées dans d'autres formes, de même il ne reconnaît pour l'éteindre que les moyens qu'il présente.

La compensation ne figura jamais dans les modes d'extinction « ipso jure » ; ce n'est que petit à petit, et avec le temps, à mesure que la civilisation se développe, que ce droit quiritaire devient odieux aux Romains, et qu'il se corrige par divers adoucissements inspirés par des notions plus pures tirées du droit naturel. C'est grâce à cet esprit plus philosophique que l'on voit apparaître le *prætor peregrinus* (vers l'an 507 de Rome), les formules *in factum*, et que se prépare la substitution de la procédure formu-

(1) M. ORTOLAN, (*Expl. des Instit.*l, § 39, *de act.*

laire à celle des actions de la loi. C'est ainsi que se crée le droit prétorien qui devait étendre et corriger le droit civil, tout en le confirmant dans les dispositions qu'il trouvait équitables (1). La procédure dite extraordinaire fit faire un pas de plus dans cette voie aux idées de justice et d'humanité.

Il est intéressant d'étudier la compensation dans les divers systèmes de procédure.

Nous la verrons apparaître, dès l'origine, dans la *judicis postulatio*, l'une des actions de la loi, grandir sous le système formulaire, d'abord dans les actions de bonne foi, arriver à un développement plus complet en s'introduisant dans celles de droit strict, et parvenir enfin à son apogée sous Justinien (2).

I.—ACTIONS DE LA LOI

Ce système remonte aux origines de Rome, il se ressent de la barbarie et de la grossièreté de ces âges reculés. Symbolisme matériel, rituel de pantomimes et de paroles sacramentelles, voilà son caractère.

L'impossibilité d'agir pendant des jours dits néfastes, la nécessité d'employer certaines formes et certains gestes dont les pontifes, c'est-à-dire les patriciens, avaient seuls le secret, nous prouvent qu'il

(1) Loi VII, § 1, D. *de Just. et jure*, 1, 1.
(2) Loi XIV, *C. de Comp.* IV, 31,

fut profondément pénétré de l'influence patricienne. Déjà, sous ce système, nous trouvons la compensation, mais dans l'une seulement des cinq actions qu'il renferme.

Nous n'avons pas à nous occuper de la *pignoris capio*, ni de la *manus injectio* qui ne sont que des voies d'exécution des jugements.

L'action *sacramenti* est la plus ancienne des actions de la loi, et celle qui eut la plus longue durée. Le juge de cette action n'a que des pouvoirs restreints : enfermé dans un cercle étroit, pour toute alternative il doit reconnaître *justum* le *sacramentum* de l'une ou de l'autre des parties. Aucun pouvoir de pondération ne lui étant accordé, on ne saurait ici trouver une seule trace de la compensation. Les prétentions du demandeur sont-elles justes ? Tel est le seul point livré à l'examen du juge. Si le défendeur prétend être créancier de son côté, c'est à lui de faire valoir ses droits par une nouvelle instance.

C'est dans l'action *per judicis postulationem* que l'on voit apparaître la compensation. Les vices de l'action *sacramenti* nous sont assez connus pour que nous nous rendions facilement compte des motifs qui ont fait admettre une innovation dans la procédure. Un pouvoir d'appréciation est donné au juge, mais dans certains cas limitativement désignés (1). Par exemple, dans les procès *de finibus*, *de tutela*, etc..,

____

(1) GAÏUS, c. IV, § 61 et 62.

lorsqu'il s'agit en un mot d'obligations pouvant être appréciées *salvâ fide* (1), c'est-à-dire aux cas où, sous le système formulaire, une action de bonne foi a été établie. Encore fallait-il, pour que la compensation fût possible, qu'il s'agît d'obligations nées *ex eâdem causâ* (2), car les principes s'opposent à ce que le juge apprécie des objets étrangers à la cause de la demande originaire.

Faut-il dire en outre que la compensation était impossible si les plaideurs devaient des choses de différente nature, et exiger la condition de fongibilité entre les choses dues par les parties ? M. Desjardins, dans une savante monographie couronnée par la Faculté de droit de Paris, soutient que la bonne foi elle-même exigeait de compenser malgré la différence de nature des objets dus ; autrement, dit-il, la règle qui autorise le juge à tenir compte des obligations respectives des parties n'aurait presque jamais reçu d'application. Il ajoute : « La *judicis postulâtio* « remonte au delà des douze tables ; elle se place « par son origine, dans ces temps où l'usage de la « monnaie était peu répandu, où l'échange dominait « encore ; on devait alors considérer, dans chaque « objet, moins sa nature même que sa valeur d'é- « change. (3) »

<hr>

(1) CICÉRON, *de officiis*, III, 10.
(2) GAÏUS, c. IV, § 61 et suiv.
(3) M. DESJARDINS, *De la comp. et des demandes reconv.*, p. 29.

Cetargument est d'un grand poids. Mais remarquons bien à quelle époque nous nous trouvons : nous ne sommes pas encore au temps de la procédure formulaire où toute condamnation sera pécuniaire; nous sommes sous un système où la partie qui triomphe est sûre d'obtenir l'objet même de sa demande, et non un équivalent en argent ; la compensation ne devait donc être possible qu'autant que les parties se devaient mutuellement des choses de même nature. Il semblerait énorme que le juge pût, en compensant deux dettes de choses non fongibles, contraindre un créancier à recevoir autre chose que ce qui lui est dû. Si je suis créancier de Titius d'un cheval de luxe, et débiteur du même Titius de trois chevaux de travail formant ensemble la même valeur vénale, le jugement qui reconnaîtrait éteintes par compensation deux dettes aussi différentes par leur objet serait-il bien équitable ? Si les Romains tenaient peu de compte de l'affection dans l'appréciation judiciaire des choses, et les considéraient comme une monnaie, à l'origine, et alors qu'ils ne connaissaient que l'échange, encore est-il que cet échange nécessitait, comme tout contrat, le consentement des parties ; or le respect dû à ce consentement serait froissé par une décision où le juge viendrait imposer à l'un des plaideurs une chose différente de celle qu'il se proposait d'obtenir (1).

(1) DONNEAU, *de jure civ.*, L. VI., c. xi, n· 7.

Reste l'action *per condictionem*. C'est la plus récente des cinq actions de la loi, c'est la seconde brèche faite au rigorisme primitif, afin de se débarrasser du *sacramentum*, impôt sacerdotal. On s'est efforcé de détruire graduellement l'antique édifice de l'action *sacramenti*. Nous avons vu la *judicis postulatio* lui enlever les obligations nées *ex fide bona*; il lui restait trop encore. Les lois Silia (*de certa pecunia*) et Calpurnia (*de omni certa re*) la dépouillent des obligations de *dare* des choses certaines.

Dès lors, on n'employa plus l'action *sacramenti* que pour les droits réels.

Dans l'action *per condictionem* aucune latitude n'étant donnée au juge, et son pouvoir étant aussi restreint que dans l'action *sacramenti*, la compensation ne saurait y trouver place.

II. — PROCÉDURE FORMULAIRE

La trop grande subtilité des actions de la loi, leur caractère trop exclusif (puisqu'elles étaient réservées aux seuls citoyens romains), les firent tomber en désuétude. Dès le v° siècle de la fondation de Rome, on sentit la nécessité d'admettre les pérégrins à comparaître en justice. Les relations plus fréquentes avec les peuples voisins firent d'abord créer un *prætor peregrinus*. Ce magistrat, ne pouvant employer les paroles mêmes de la loi, ni poser une question de droit civil, puisque les pérégrins étaient exclus de la participation au droit des quirites, dut imaginer des formules rédigées *in factum*, sortes d'instructions écrites auxquelles les *recuperatores* eurent à répondre. Ceux-ci reconnaissaient si tel fait avait eu lieu ou non, mais, incapables d'attribuer aucune propriété *ex jure quiritium*, ni aucun de ses démembrements, la condamnation ne put avoir désormais pour objet *rem ipsam*, mais seulement une indemnité pécuniaire.

Le préteur pérégrin pouvant remplacer le préteur urbain, et réciproquement, on les vit employer indistinctement les formules *in factum* aux pérégrins et aux *cives*, aussi les formules ne tardèrent-elles pas à remplacer les actions de la loi. — La loi *Æbutia* et les deux *leges Juliæ*, sous le règne d'Auguste abolirent à jamais les actions de la loi, et, de ce jour, date la procédure formulaire. La rédaction de la formule, voilà le caractère distinctif de la nouvelle procédure. Le préteur délivre une formule d'action et renvoie les parties devant le juge, s'il trouve que les allégations du demandeur ont une gravité suffisante, sinon il refuse la formule, et le procès est impossible.

C'est sous ce système que l'on voit apparaître nettement la distinction des actions de bonne foi et des actions de droit strict dont la première origine se trouve probablement dans la *judicis postulatio* dont nous avons parlé. Tantôt le magistrat donne au juge une mission étroite : il le charge d'apprécier un fait rigoureusement et strictement. Tantôt il lui donne toute latitude et lui permet de décider *ex bono et æquo*. On se rend compte de cette différence si l'on observe que les actions de droit strict garantissent particulièrement des obligations unilatérales, où l'attention du magistrat ne porte pas sur des relations corrélatives, réciproques, et se modifiant ou se balançant les unes par les autres, tandis que, dans les obligations synallagmatiques, c'est d'après de semblables relations qu'il doit statuer.

Cela nous explique pourquoi le pouvoir du juge différait dans les actions de droit strict et dans celles de bonne foi. De nombreuses différences, dont l'une a trait à la compensation, séparent profondément ces actions. Nous étudierons d'abord les règles relatives à un cas spécial, ensuite nous examinerons la compensation dans les actions de bonne foi, puis dans celles de droit strict. Nous verrons ensuite si elle était possible dans les actions *in rem*, et enfin nous énumérerons les conditions requises pour que la compensation puisse se produire.

§ I. — *Compensation de l'*ARGENTARIUS, *déduction du* BONORUM EMPTOR.

N° 1. Les *argentarii* étaient des banquiers et des changeurs. Versés dans la connaissance des monnaies, ils spéculaient sur l'argent, payaient et recevaient tour à tour pour leurs commettants. Comme on les vit souvent abuser de leur position pour prêter à usure et commettre une foule de fraudes, on s'occupa de bonne heure d'obvier à ces inconvénients. Une législation toute spéciale et pleine de défiance à leur égard dut bientôt s'établir. Astreints à une tenue exacte et sévère de registres, on les soumit à une sorte de compensation qu'ils durent faire eux-mêmes sous peine de perdre leur procès. Sachant, par leurs registres où ils ouvraient des comptes aux particuliers et où ils inscrivaient tout ce qui concernait leur profession, dans quelle position ils étaient vis-à-vis de chacun de leurs clients, toute erreur sur ce point était durement punie. Car, à la différence de ce qui avait lieu pour les autres citoyens, quand ils voulaient réclamer une somme qui leur était due, il leur fallait faire eux-mêmes la balance de leurs créances et de leurs dettes, de l'argent qui leur était dû et de celui qui leur avait été confié, de telle sorte qu'ils ne pouvaient réclamer que le reliquat. L'*intentio* de la formule de l'*argentarius* devait être conçue en ces termes : « Si « paret Titium sibi decem millia dare oportere am— « plius quam ipse Titio debet, etc... (1) »

Cette compensation n'était possible qu'autant que la créance et la dette de l'*argentarius* avaient toutes deux pour objet une chose de même genre et de même nature (2) ; par exemple si les dettes avaient toutes

(1) Gaius, § 64, *Com.* IV.
(2) Gaius. § 66, *Com.* IV.

deux pour objet du blé ou du vin. Encore, certains jurisconsultes ne permettaient-ils la compensation en pareil cas que si les deux dettes avaient l'une et l'autre pour objet du blé où du vin de même qualité.

« Adeo ut quibusdam placet non omnimodo vinum
« cum vino, aut triticum cum tritico compensan-
« dum, sed ita si ejusdem naturœ qualitatisque
« sit (1). »

Dans ce système, il faut décider que si le blé, ob-jet des deux dettes, n'est pas de même espèce, l'*argentarius* sera dispensé de faire la compensation.

C'est dans l'*intentio* que l'*argentarius* doit faire lui-même la compensation : « Compensationis quidem ra-« tio in intentione ponitur (2). » Il suit de ce prin-cipe que, l'action étant *certa*, si l'*argentarius* demande une fraction quelconque (*unus nummus*) de plus qu'il ne lui est dû, il encourt la plus-pétition.

. Ne concluons pas de là cependant que cette néces-sité à laquelle est astreint l'*argentarius* soit une cause d'extinction mutuelle des créances l'une par l'autre (3). L'obligation, ce lien de droit, ne peut être dissoute que conformément aux règles du droit. En un mot, les modes du droit civil sont les seuls moyens de détruire l'obligation contractée d'après les règles du droit ci-

(1) Gaïus, § 66, *C. IV.*
(2) Gaïus, § 68, *ibid.*
(3) M. Ortolan, *Explic. des Instit.*, t. III, p. 651. — M. Fréd. Duranton, *Revue de droit français et étranger*, t. III, 1846, p. 787.

vil. On comprend du reste facilement que *l'argenta-rius* encoure la plus-pétition s'il réclame plus qu'il ne lui est dû, sans qu'il faille pour cela recourir à l'idée d'extinction des deux obligations jusqu'à con-currence de la plus faible. Que demande en effet *l'ar-gentarius*? Il réclame de Titius *X millia nummorum plus quam ipse Titio debet.* Si donc on ne lui doit que 9,999 écus il réclame *unus nummus* de plus qu'il ne lui est dû, dès lors, le juge que l'*intentio ccrta* de la formule met en demeure de condamner ou d'absoudre, sans prendre de terme moyen, ne peut qu'absoudre le défendeur puisque, rigoureusement, la demande de *l'argentarius* n'est pas fondée. Du reste, cette compen-sation a été imaginée contre *l'argentarius* et pour ser-vir de garantie à ceux qui auraient traité avec lui. Il ne faut donc pas admettre qu'elle aurait eu lieu de plein droit, car on retournerait cette institution contre ceux-là même en faveur désquels elle a été créée. Re-marquons-le bien : le juge, d'après la formule, ne peut condamner à un chiffre inférieur à celui de la demande, et, d'autre part, *l'argentarius* ayant déduit tout son droit en justice, il ne peut plus recommen-cer et intenter une nouvelle action en demandant ce qui lui est réellement dû. Les créances subsistent, seulement *l'argentarius* reste créancier d'une obli-gation naturelle. Cette déchéance rentre donc dans les principes généraux. En conséquence, le débiteur absous, s'il obéit à la voix de sa conscience et paie à *l'argentarius* ce qu'il lui doit, acquitte l'obligation naturelle, et ne peut, par suite, exercer la *condictio indebiti* au cas où il se repentirait de son bon mouvement.

Notons, pour terminer sur ce point, qu'on ne peut compenser qu'une dette exigible : « *compensatur hoc solum quod præsenti die debetur* (1). » Cette *compensatio* opposée à l'*argentarius* disparut avec la plus-pétition, c'est-à-dire avec l'*ordo judiciorum* (2). Il n'en fut plus question sous Justinien : cela nous explique pourquoi aucun texte du Digeste ne s'en occupe (3).

Nº 2. Le jurisconsulte Gaïus nous parle d'une autre espèce de compensation soumise, comme la précédente, à des règles particulières ; c'est celle du *bonorum emptor*. Elle a pris particulièrement le nom de *deductio*.

Lorsque les créanciers d'un débiteur insolvable faisaient vendre ses biens, certains spéculateurs avaient coutume de se rendre acquéreurs en bloc de tout ce patrimoine, à la charge par eux de payer une somme fixe aux créanciers du *defraudator*. Cette somme fixe était ordinairement un dividende de sorte que chaque créancier était payé proportionnellement à sa créance. Pour liquider la situation, le *bonorum emptor* poursuivait les débiteurs du failli. Mais s'il se

(1) Gaïus, § 67, C. IV.
(2) M. Demangeat, *Cours élém. de Dr. 1ʳᵉ ro* , éd. t. II p. 600.
(3) M. Fréd. Duranton, loc. cit.

trouvait qu'un de ces débiteurs fût en même temps
créancier, le *bonorum emptor* devait déduire, dans
la demande, la somme dont ce débiteur était lui-même
créancier : « *Debet cum deductione agere* (1). » Cette
déduction était faite non plus dans l'*intentio*, mais dans
la *condemnatio*. M. Ortolan (2) pense que la formule
devait être conçue à peu près en ce sens : « N.
« Negidium A. Agerio condemna quod superest de-
« ducto eo quod invicem sibi defraudatoris nomine
« debetur (3). » En conséquence, point de plus
pétition qui puisse résulter d'une semblable formule :
le montant de la condamnation étant *incertus* (4).

Ceci constitue une première différence entre cette
institution de la *deductio*, et la *compensatio* de
l'*argentarius*. Gaïus nous en signale deux autres : la
deductio peut avoir lieu entre dettes de nature différente. Nous avons vu, au contraire, que la *compensatio* ne peut avoir lieu qu'à la condition que les
dettes seront de même nature (5).

Une troisième différence consiste en ce qu'il ne
peut être question que de dettes exigibles, en matière
de compensation, tandis qu'on peut opérer la déduction même d'une dette dont l'échéance est retardée
par un terme. Ceci s'explique par cette considération

(1) Gaïus, C. IV, § 65.
(2) M. Ortolan, loc. cit.
(3) Gaïus, C. IV, § 65.
(4) Gaïus, C. IV, § 69.
(5) Gaïus, C. IV, § 69.

que le *defraudator* était déchu du bénéfice du terme
(comme le failli chez nous) ; mais bien entendu, si
la dette du *defraudator* était exigible seulement dans
un an, tandis que celle de son débiteur l'était de
suite, on devait tenir compte de l'*interusurium* « car
« il est impossible qu'un juge évalue une créance
« payable dans un an aussi haut que si elle était
« payable aujourd'hui même » (1).

Du reste, ces créances passives du *defraudator* ne
pouvaient être estimées que proportionnellement au
dividende promis à la masse des créanciers par le
bonorum emptor.

Tandis que l'*argentarius* devait lui-même compenser, et faire lui-même le compte de ce qui lui
était dû, le *bonorum emptor* n'avait aucune obligation
de ce genre: c'était au juge qu'il était réservé de faire
cette estimation. Ceci constitue une dernière différence entre les deux situations. On en comprend aisément le motif: l'*argentarius* peut, sans peine, opérer
lui-même la compensation puisqu'il tient exactement
ses registres et qu'il ouvre un compte à chacun de ses
commettants; il voit clairement la situation. Le désordre des affaires d'un *defraudator*, désordre qui a
peut-être causé sa ruine, s'oppose à ce que l'on exige
de l'adjudicataire de son patrimoine une telle exacti-
tude. Il vaut mieux laisser au juge la faculté d'apprécier.

(1) M. DEMANGEAT, op. cit., t. II, p. 611.

§. 2 *Compensation dans les actions de bonne foi.*

En dehors de ces deux cas spéciaux dont nous venons de parler, recherchons à quelles conditions avait lieu la compensation. Nous trouvons d'abord qu'elle a toujours eu lieu dans les actions de bonne foi. La formule de ces sortes d'actions donnait au juge le droit de se décider *ex bono et æquo*. « Ex officio judicis id contineri creditur » Il y aurait donc eu injustice s'il eût condamné l'une des parties à payer la totalité de sa dette, l'autre partie étant elle-même débitrice de la première. Justinien, dans un texte que nous pouvons rapprocher de celui de Gaïus, exprime nettement la doctrine romaine: « Ex bono et æquo, « habita ratione ejus quod invicem actorem *ex eadem* « *causa* præstare oportet, judex in reliquum eum « cum quo actum est condemnat (1). » Il est bon de comparer ce passage avec les §. 61 et 62 de Gaïus (C. IV). Ce texte des Institutes nous apprend que la compensation dans ces sortes d'actions n'était possible qu'à une condition: c'est que les deux dettes soient nées *ex eadem causa*, qu'elles se rattachent par leur origine, à l'affaire sur laquelle le juge était appelé à statuer. Supposons, par exemple, que le juge ait à résoudre une question de *commodat*. Il est clair que lorsque le commodant réclame l'objet prêté, le juge doit tenir

(1) *Institutes de Just.*, §. 39, *de action.* (4, 6).

compte des allégations du commodataire réclamant
une somme d'argent pour avoir fait à la chose prêtée
des réparations de telle nature que, sans elles, la chose
eût évidemment péri. Une semblable demande se
rattache intimement à la première, et le juge ne sort
pas de son *officium* en la prenant en considération.
Mais il en serait tout autrement si, dans une question
de commodat, le défendeur demandait à prouver qu'il
lui est dû quelque chose en vertu d'une vente ou de
tout autre contrat. On ne peut mieux exprimer cette
idée que ne l'a fait Gaïus (1): « Quod judicio con-
« trario consequi quisque potest, id etiam recto ju-
« dicio, quo cum agitur, potest salvum habere, jure
« pensationis.»

Il faudrait cependant se garder de croire que la
possibilité d'opérer la compensation rende inutile l'action contraire, comme ce texte semblerait le décider.
La suite même de la loi 18 nous montre l'utilité de
cette action :

1° Si l'on a droit de réclamer plus que l'on ne
pourrait obtenir par la compensation.

2° Si l'adversaire n'agit pas pour demander la restitution de la chose, soit qu'elle ait été détruite par cas
fortuit, soit qu'elle ait été restituée sans difficulté.

3° Si le juge a refusé de tenir compte de la compensation ; pourvu toutefois que ce refus ne soit pas
motivé par la non-existence de la dette, « quasi non

(1) Loi XVIII, § 4, D. *Commod. vel contra* (13, 6).

existente debito » (1), car alors il y aurait chose jugée
et l'action serait repoussée par l'exception *rei judi-
catæ*.

Il est bon de rappeler que l'action contraire
pouvait être intentée lors même que l'action directe
ne l'était pas (2).

§ 3. — *Compensation dans les actions de Droit strict*.

Gaïus, dans ses Institutes, nous expose quel était
l'état de la législation de son temps (c'est-à-dire sous
Marc-Aurèle). Après avoir dit que la compensation
était toujours admise dans les actions de bonne foi, il
n'étend cette institution aux actions de droit strict que
dans les deux cas spéciaux que nous avons étudiés (le
cas de *l'argentarius* et celui du *bonorum emptor*).

Faut-il en conclure que, hors ces deux cas, la compensation n'avait pas lieu dans les actions de droit
strict? La plupart des anciens jurisconsultes, notamment Cujas, à l'exception toutefois de Noodt (3), et,
tout récemment, M. Desjardins, attribuent à Marc-
Aurèle l'introduction de la compensation dans ces
sortes d'actions. Ils se basent sur le § 30 des Institutes
de Justinien qui est conçu en ces termes, « Sed, et in

(1) Loi VII, § 1, D. h. t.
(2) Loi XVII, § 1, *Commod. vel c.* (13, 6).
(3) Gérard Noodt, *ad titul. de comp.*

« strictis judicis, ex rescripto divi Marci, opposita
« doli mali exceptione , compensatio introduce-
« batur. »

Il nous semble cependant difficile de prendre à la
lettre ce passage des Institutes, Marc-Aurèle n'a dû
rien établir de nouveau sur ce point : il se sera contenté de consacrer une règle depuis longtemps en vi-
gueur dans la pratique prétorienne. L'exception de
dol dut, longtemps avant le rescrit en question, permettre la compensation dans les actions de droit
strict. Comment comprendre que le droit prétorién,
toujours si équitable, n'ait pas dès longtemps trouvé un
moyen pour compenser dans ces sortes d'actions? Nous
croyons donc devoir soutenir que l'exception de dol
dut, bien avant Marc—Aurèle, permettre la compensation dans les actions *stricti juris* (1). Il ne faut voir
dans le rescrit de ce prince, cité par Justinien, que la
confirmation d'un principe déjà reconnu depuis longtemps. Les innovations législatives ne s'introduisent
pas d'ordinaire par rescrits. Il est vrai que Gaïus est
muet sur ce point, et qu'il semble exclure la compensation dans les actions de droit strict parce qu'il n'en
parle que quant à l'*argentarius* et au *bonorum emptor:*
« qui dicit de uno, negat de altero. » Mais il faut remarquer que le manuscrit de Gaïus présente une la-
cune: la fin du § 60 et le commencement du § 61 ne

______

(1) Telle est l'opinon de M. ORTOLAN, op. cit., t. III, n° 2179,
et de M. DEMANGEAT, op. cit., t. II, p. 613.

nous sont pas parvenus, et il est très-probable que Gaïus, dans ces paragraphes, parlait de l'exception de dol dans les actions de droit strict. Mais les arguments les plus forts nous sont fournis par plusieurs textes du Digeste.

La loi 15 (de notre titre) due au jurisconsulte Javolénus, supposant que j'ai stipulé de Titius une somme d'argent payable dans un certain lieu, décide que l'on doit, en opérant la compensation, tenir compte de l'intérêt que j'avais à être payé dans le lieu désigné plutôt que dans tout autre : « Cum mea causa, « id est ut ratio habeatur quanti mea interfuit eo « loco, quo convenerit pecuniam dari. » Il s'agit bien évidemment d'une action de droit strict ; la créance que j'oppose en compensation venant d'une stipulation. Néanmoins Javolénus permet la compensation ! Or, ce jurisconsulte vivait sous Trajan, c'est-à-dire près de cinquante-deux ans avant Marc-Aurèle. Il ressort donc de ce texte que ce n'est point au rescrit de Marc-Aurèle qu'est due l'innovation dont nous parlons. On ne peut objecter que le texte visait le cas spécial de la compensation de l'*argentarius*, car cette opinion devrait recourir à une interpolation qu'aucune expression de notre texte ne pourrait justifier.

La loi 10 § 3 (h. t. D.) n'est pas moins décisive que la précédente : « Dans les stipulations qui « tiennent lieu d'actions, c'est-à-dire dans les stipu- « lations prétoriennes, la compensation a lieu, et, « selon Julien, elle pourra être opposée aussi bien

« dans la stipulation même que dans l'action *ex sti-*
« *pulatu.* » Voilà encore un texte où un jurisconsulte antérieur à Marc-Aurèle (puisqu'il vivait sous
Adrien), admet la compensation dans une action de
droit strict. Aux termes de cette loi 10 § 3, quand le
défendeur agira par l'action *ex stipulatu*, le défendeur pourra opposer la compensation, alors même
qu'il aurait négligé d'en faire tenir compte dans la
stipulation.

M. Desjardins, qui soutient avec conviction le système contraire, s'appuie sur ce que, dans ces stipulations, le magistrat voulait faire triompher la bonne
foi, et que l'insertion de la *clausula doli* donnait à
l'action de droit strict les effets d'une action de bonne
foi (1). Il cite à l'appui de son opinion un certain
nombre de formules relatives à des stipulations prétoriennes (2), et, notamment, un passage de la loi de
la Gaule Cisalpine, ainsi conçu : « Quidquid cum Q.
« Licinium ex ea stipulatione L. Seio dare facere
« oportuit ex fide bona », d'où il semblerait résulter
que la *clausula doli* avait cette puissance.

Mais cet argument soulève une difficulté insur-
montable pour le système que nous combattons. Si
l'on attribue la qualité d'action de bonne foi à la stipulation prétorienne par suite de l'admission de cette

____

(1) M. DE SAVIGNY (*Tr. de dr. rom.*, trad, GENOUX, ap. 13,
n° 17 et 19, t. V, p. 488 et 489.
(2) *Loi de la Gaule cisalp.* C. 20.

clausula doli, comme les deux créances opposées en compensation naissent ici *ex dispari causa*, il faut arriver à dire que, avant Marc-Aurèle, la compensation pouvait avoir lieu *ex dispari causa* dans une action de bonne foi ; or, ce ne fut que lorsque la compensation s'introduisit dans les actions de droit strict, où nécessairement il faut l'admettre *ex dispari causa*, que l'on put compenser ainsi, et que l'on étendit l'innovation même aux actions de bonne foi. Il en résulte que, si l'on voit dans la loi 10 § 3 une compensation *ex dispari causa* dans une action, rendue de bonne foi par l'insertion de la *clausula* on sera contraint de reconnaître que la compensation dans les actions de droit strict était déjà admise depuis longtemps, c'est-à-dire du temps de Julien, lorsque Marc-Aurèle rendit son rescrit, la compensation dans les actions de bonne foi n'ayant pu être admise *ex dispari causa* qu'à l'imitation de ce qui avait lieu dans celles de droit strict. Il y eut toujours entre les actions de bonne foi et celles de droit strict cette différence que, dans les premières, le juge put, de lui-même, du moins *ex eadem causa*, opérer la compensation, tandis que, dans celles de droit strict, il fallut qu'une exception de dol eût été mise dans la formule pour lui donner ce pouvoir. L'*exceptio doli*, en effet, est sous-entendue dans les actions de bonne foi (1). Si donc cette exception fut

____

(1). Loi LXXXIV, § 1, *de Legat.* 1° L. XXX, D.

nécessaire dans ces actions quand la compensation avait lieu *ex dispari causa*, c'est que le juge n'aurait pas été compétent sans elle en pareil cas.

Du jour où la compensation fut admise dans les actions de droit strict, elle le fut nécessairement *ex dispari causa*, car ces sortes d'actions sanctionnent des contrats unilatéraux; de là vint l'idée de l'introduire *ex dispari* dans les actions de bonne foi (1).

Un autre argument en faveur de notre opinion se puise dans la loi 4 (h. t. D.). Cette loi décide qu'un fidéjusseur pourra opposer en compensation la créance que le débiteur principal aurait pu opposer lui-même. En supposant que l'on actionne un fidéjusseur, elle se réfère à une action de droit strict (contrat *verbis*). Or, l'auteur de cette loi 4, cité par Paul, Pomponius, florissait sous le règne d'Antonin le Pieux, prédécesseur de Marc-Aurèle : le rescrit de ce prince ne peut donc avoir innové.

Une autre question vivement débattue est celle de savoir quel fut le rôle de l'exception de dol, en matière de compensation, dans les actions de droit strict (2). La controverse que nous venons d'examiner reposait sur une question de date, et avait un intérêt historique. Celle-ci est une question de principes.

Les anciens auteurs, notamment Cujas, et un grand

---

(1) M. Desjardins, op. cit., p. 55.
(2) M. Ortolan, op. cit., t. III, n° 2180.

nombre de jurisconsultes modernes tels que MM.
Demangeat, Desjardins, et de Vangerow, soutiennent
que l'exception de dol donnant à l'action *stricti juris*
le caractère d'une action de bonne foi, le juge devait
tenir compte de la compensation et condamner le défendeur seulement à l'excédant de sa dette sur sa
créance. Cependant M. Ortolan a soutenu énergique-
ment, et s'est fait le défenseur éloquent et convaincu
du système contraire. D'après lui, si le défendeur dé-
montre au juge qu'il a contre le demandeur une
créance dont celui-ci n'a pas tenu compte, le juge devra
condamner *pour le tout* le demandeur, absolument
comme nous avons vu qu'il devrait condamner pour
le tout un *argentarius* qui aurait omis de faire lui-
même la compensation qui était imposée. Les considérations du savant professeur sont conçues d'après
les procédés familiers aux jurisconsultes romains,
d'après leurs idées exactes et logiques peut-être à
l'excès. Aussi, n'est-ce qu'après un long examen de
la question que nous avons pris parti pour le premier
système. Voici pour quels motifs: 1° la doctrine soutenue par M. Ortolan assimile en quelque sorte le
demandeur à un *argentarius*, puisqu'il lui fait encou-
rir la même déchéance. Or on ne saurait, sans injustice, appliquer à un simple particulier les sévérités
dont la loi a voulu frapper les *argentarii*. S'il est bien
aisé à l'*argentarius* d'opérer une compensation, c'est

____

(1) M. Ortolan, op. cit., t. III, n° 2180.

qu'il s'agit toujours pour lui de choses fongibles, dont, en conséquence, la valeur est parfaitement connue; il tient en outre des registres où doivent régner l'ordre et la clarté, ce qui lui rend toute recherche facile.

Un créancier ordinaire peut avoir à réclamer des choses d'une nature toute différente de celles dont il est débiteur. Si donc son adversaire s'efforce de ne point le payer, comment la loi lui refuserait-elle les moyens de faire évaluer sa dette en justice (1)?

2° La lecture attentive du § 30 des Institutes de Justinien nous montre l'ordre des idées du législateur. « Dans les actions de bonne foi, plein pouvoir est « donné au juge d'estimer selon l'équité la restitution « due au demandeur, ce qui impose le devoir, si le de- « mandeur doit à son tour quelque chose, d'en faire « la compensation, et de ne condamner le défendeur « qu'à l'excédant. «Sed et in strictis judiciis, ex res- « cripto divi Marci, opposita doli mali exceptione, « compensatio introducebatur. » N'est-ce pas là dire que l'exception de dol donne au juge de l'action de droit strict le pouvoir dont il est investi dans une action de bonne foi? M. de Savigny, à propos des stipulations forcées auxquelles on ajoutait la *clausula doli*, s'exprime en ces termes: « On insérait dans les « stipulations forcées la *clausula doli*, et, dès lors, la « *stricti juris actio*, qui devait toujours être portée « devant un *judex*, produisait les mêmes effets

(1) M. DEMANGEAT, op. cit., t. II, p. 614.

« qu'une action *bonæ fidei* , action portée devant un
« *arbiter* (1). »

Nous voyons en outre dans la loi III, Code (*de exceptionibus*, 8, 36) que la réplique de dol transforme
l'action de droit strict en une action de bonne foi.
Or ce qui est dit de la réplique doit bien probablement
se dire de l'exception.

L'opinion de Papinien (2) a souvent été invoquée,
Voici ce que suppose ce jurisconsulte : Seïa a donné
à Titius tous ses biens en employant la tradition, mais
elle s'en est réservé l'usufruit sous la condition que,
si elle lui survit, la nue-propriété lui fera retour, et
que si elle prédécède, ses biens appartiendront aux
enfants de Titius qui lui survivront. Ceci posé, que
décider si les héritiers de Titius, décédé avant Seïa,
revendiquent les biens donnés ? Elle leur opposera
l'exception de dol. Papinien décide alors que l'insertion de l'exception a pour effet de constituer l'instance
de bonne foi. Qu'on ne vienne pas dire qu'il s'agit ici
d'une *nouvelle* action de bonne foi que Seïa viendrait
intenter. M. Pellat (3) a très-judicieusement observé
que, s'il s'agissait d'une autre action, Papinien, au
lieu d'employer les mots « *judicio constituto* » se serait servi des expressions : « *judicio instituto* » ou
« *proposito* ». Les biens étant entre les mains de Seïa,

(1) M. DE SAVIGNY, app. XIII, nos 17 et 19, op. cit.
(2) Loi XLII. *de Mortis caus. don.*, D. 39, 6.
(3) *Textes choisis des Pandectes* (p. 150).

elle n'a qu'à opposer l'exception de dol à la demande des héritiers de Titius. Une action nouvelle serait donc bien inutile : Il faudrait cependant se garder de donner trop d'importance à ce texte. Il s'applique à une action *in rem*, arbitraire, et il n'en résulte que ceci pour nous : c'est que cette action devient de bonne foi grâce à l'exception de dol. En ce sens que le juge peut tenir compte du dol (1).

La loi XVI (*de doli mali excep.* D. 44, 4) se place dans l'hypothèse d'une action *in personam*. Un *furiosus* délègue son débiteur à son créancier, et le débiteur, ignorant l'état du *furiosus*, paie le créancier auquel il est délégué. Si l'on vient ensuite à le poursuivre, il opposera l'exception de dol. Cette exception le protégera *in id quod furiosi processit*. Voilà bien une action de droit strict où, grâce à l'insertion de l'exception de dol, le juge pourra absoudre pour le tout, ou *diminuer* la condamnation.

Ces textes nous font voir que l'action de droit strict devient de bonne foi par l'insertion de l'exception de dol dans la formule. Or, quelle analogie existerait-il entre ce qui se passe dans l'action de bonne foi et ce qui aurait lieu dans l'action *stricti juris* munie de l'exception de dol, si le juge qui peut évidemment réduire la condamnation dans la première devait condamner pour le tout dans la seconde ?

Les rédacteurs des Institutes auraient commis une

(1) M. Desjardins, op. cit. p. 70.

grave erreur en disant que la compensation a été
admise dans les actions de droit strict à l'imitation de
ce qui a lieu dans celles de bonne foi. Car, dans les
actions *bonæ fidei*, la compensation fut toujours judiciaire ; pour qu'il y ait donc similitude, il faut également que la compensation ait été judiciaire dans les
actions *stricti juris* (1). Or, d'après nos adversaires,
la compensation aurait été conventionnelle dans ces
sortes d'actions. Ils prétendent en effet que lorsque
le demandeur viendra réclamer du préteur une formule d'action contre le défendeur, l'unique ressource
de ce dernier (créancier lui-même du demandeur)
sera de menacer son adversaire de faire insérer l'exception de dol dans la formule, s'il persiste à ne
point vouloir compenser. Il s'agissait donc d'une compensation de gré à gré, c'est-à-dire conventionnelle,
tandis que le texte des Instituts donne au juge le
pouvoir de compenser à l'imitation de ce qui a lieu
dans les actions de bonne foi (2). Du reste, les lois
qui s'occupent de cette matière sont conçues de telle
façon qu'il résulte de leur style qu'il s'agit de l'emploi réel de l'exception, et non de la simple menace
de l'employer.

La loi XVI (*de doli mali except.* D. 44, 4) se ter-
mine ainsi : « *Exceptione doli defenditur.* » Et la
loi XV du même titre : « Quæro an agentem empto-

____

(1) M. Demangeat, op. cit., t. II, p. 614.
(2) M. Demangeat, op. cit. — M. Desjardins, ibid.

« rem exceptione ex causâ judicati doli mali summo-
« vere potest. »

Reconnaissons donc cette ressemblance entre les
deux classes d'actions, sous peine d'être obligé de dire
que les rédacteurs des Instituts ont exprimé leur
pensée d'une façon complétement énigmatique.

L'interprétation que nous donnons de ce paragraphe 30 aux Instituts est confirmée par le témoi-
gnage de Théophile, l'un de ses rédacteurs (1) :
« Facta est constitutio Marci imperatoris quæ ait me
« stricta actione conventum de solidis decem, quum
« mihi deberentur quinque, posse actioni opponere
« *exceptionem* doli, atque hâc opposità exceptione,
« judici occasio datur admittendi compensationem,
« et *in solos quinque solidos condemnandi.* »

3° Paul (2) dans un texte clair et précis définit
l'exception : « Exceptio est conditio quæ modo eximit
« reum de damnatione, *modo minuit damnationem* »,
et Ulpien nous apprend qu'une exception a pour résultat, ou de repousser complétement les prétentions
du demandeur, ou seulement de diminuer le chiffre
posé dans la *condemnatio* : « Exceptio dicta est quasi
« quædam exclusio quæ opponi actioni cujusque rei
« solet ad excludendum id quod in intentionem con-
« demnationemve deductum est. » M. Ortolan répond que ce texte distingue ; il soutient que les mots

(1) THÉOPHILE (Trad. d'OTTO REITZ).
(2) Loi XXII, *pr. de Except.* D. XLIV, 1).

« *quæ modo eximit reum de damnatione* » ont trait à l'exception de dol et aux autres exceptions que l'on met dans l'*intentio* de la formule, tandis que la fin de cette loi : « *modo minuit damnationem* » se réfère seulement aux exceptions qui prennent place dans la *condemnatio*.

Il n'attribue la puissance de diminuer la condamnation qu'aux exceptions destinées à servir de régulateur à la *condemnatio*. « Telles sont celles de la « condamnation jusqu'à concurrence du pécule, ou « de ce que le défendeur pourra faire (bénéfice de « compétence (1). »

Il faut avouer que Paul aurait singulièrement dissimulé sa pensée si cette interprétation était admise. Mais comme aucun texte ne prouve qu'il n'était donné qu'aux exceptions placées dans la *condemnatio* de *minuere damnationem*, il faut, je crois, se garder de distinguer là où la loi n'a pas distingué elle-même.

Puisque nos adversaires pensent que l'exception placée dans l'*intentio* doit, au cas où elle se trouve justifiée, amener nécessairement l'absolution du défendeur, si nous parvenons à démontrer que certaines lois attribuent clairement à une exception de cette nature le pouvoir de faire *réduire* le chiffre de la condamnation, leur système sera ébranlé dans sa base.

____

(1) M. ORTOLAN, loc. cit.

Or la loi 17 (1) est de ce nombre. L'exception du sénatusconsulte Velléien ne rentre certes pas dans la classe des exceptions placées dans la *condemnatio*. Elle amène ordinairement, il est vrai, une condamnation pour le tout: « Totam senatus improbat obli- « gationem (2). » Cependant Africain dans notre loi 17 § 2 cite un exemple dans lequel la femme « *quæ intercessit pro aliquo* » au mépris de ce sénatusconsulte, peut être condamnée *pour partie*. Or, si le système que nous combattons était fondé, l'exception étant insérée dans l'*intentio* devrait ame- ner une condamnation ou une absolution *pour le tout*. La loi 17 § 2 est donc la condamnation de ce système. Voici, du reste, l'hypothèse que prévoit Africain:

Un homme appelé Titius et une femme empruntent solidairement une somme d'argent pour faire en commun un achat. Il y a là, de la part de la femme, *intercessio pro parte*; le créancier pourra donc bien agir pour la moitié qui la regarde. Il sera au con- traire repoussé par l'exception du sénatusconsulte pour la moitié qui concerne Titius, car, la plupart du temps, « elle n'a pas un intérêt propre à ce que « Titius soit à même de se libérer envers son ven- « deur : ce vendeur, payé par la femme et non payé « par Titius, livrera toujours à la femme une moitié « indivise, seulement, cette femme sera en indivision

(1) Loi XVII, § 2, *ad senate. Velleian* (16, 1, D.).
(2) Loi XVI, § 1, *ad senate. Velleian* (16, 1, D.).

« avec lui au lieu d'être en indivision avec Ti-
« tius (1). »

Le Digeste contient nombre de textes qui prouvent,
comme celui que nous venons de citer, que l'*exceptio*
placée dans l'*intentio* de l'action de droit strict a
pour effet de diminuer la condamnation. Tels sont:
la loi 42 (D. *de mort. caus. don.* 39. 6.) dont nous
avons déjà présenté l'explication, et la loi 16, *de doli*
mali Excep. (D. 44. 4.)

L'opinion contraire trouve ses arguments dans un
certain texte qui est loin d'avoir le sens qu'on lui
attribue. C'est le § 3 des Sentences de Paul (2).

« Compensatio debiti ex pari specie et causa dis-
« pari admittitur : velut si pecuniam tibi debeam, et
« tu mihi pecuniam aut frumentum aut cetera hujus-
« modi, licet ex diverso contractu, compensare vel
« deducere debes ; si totum petas, pluspetendo causa
« cadis. »

Armés de cette autorité, nos adversaires font le
raisonnement suivant : Vous dites que le juge trouve
dans l'exception de dol le droit de compenser ;
comment alors expliquez-vous que le demandeur qui
réclame ce qui lui est dû, alors qu'il est débiteur
envers son adversaire d'une somme moindre que celle
dont il est créancier, perde son procès pour le tout ?
C'est donc que l'exception de dol donne lieu à une

(1) M. Demangeat, *de duobus reis*, p. 314.
(2) Paul. *sentences*, l. II, t. IV, § 3.

déchéance fatale, ou à une absolution, mais ne confère pas au juge le droit de balancer les deux créances et de condamner le défendeur seulement au paiement de l'excédant !

Malgré ce texte, nous persistons cependant dans notre opinion. Le fragment de Paul que l'on nous oppose n'est point parvenu jusqu'à nous dans sa pureté originaire : il est extrait du *Breviarium Alarici*, (ou *Lex Romana*), espèce d'abrégé du droit romain fait par l'ordre d'Alaric II, roi des Wisigoths, pour ses sujets romains. Il est à peu près certain, d'après les motifs que nous allons exposer, que le texte a subi une altération en passant par les mains des commissaires de ce prince, qui, du reste, ont dû avoir peu de respect pour une règle tombée en désuétude de leur temps. Il est en effet manifeste que le § 3 avait été écrit en vue des *argentarii* qui étaient obligés de faire la compensation avec une telle rigueur, que la moindre erreur leur faisait perdre toute leur créance.

C'est à ce cas spécial que le jurisconsulte fait allusion ; la preuve de cette assertion ressort du texte même : il exige comme condition pour qu'il puisse y avoir lieu à compenser, que les deux dettes aient un objet de même nature (*ex pari specie*). Or, nous avons vu que c'est précisément là une des conditions de la *compensatio* opposée à l'*argentarius* ; si l'on comprend que les sévérités de la loi s'appesantissent sur lui, on ne saurait justifier une telle rigueur à l'égard d'un simple particulier. Qu'on ne nous objecte pas que tous les citoyens devaient tenir un registre (*codex accepti et expensi*), car on sait que cette obligation était, comme nous l'atteste Asconius, tombée en désuétude et n'existait plus du temps des grands jurisconsultes. Le silence de Gaïus est significatif sur ce point. Alors même que les simples citoyens auraient dû compenser eux-mêmes, cette règle sévère ne leur aurait été imposée que pour les *nomina transcriptitia*; or on ne pourrait se rendre compte de la singulière disposition de la loi qui serait venue obliger à faire cette compensation précisément à un moment où la tenue des registres était tombée en désuétude pour les simples particuliers.

Il est bon de faire remarquer, en outre, que si la compensation s'est établie dans les actions *stricti juris*, c'est uniquement *æquitatis causa*, et que la tendance de la doctrine aussi bien que celle de la jurisprudence est d'élargir de plus en plus les règles d'équité. Pourquoi, dès lors, un jurisconsulte aussi célèbre que Paul aurait-il rendu une décision aussi contraire à ces règles, aussi rétrograde? Et surtout, comment expliquer l'extension d'une règle rigoureuse faite pour un cas spécial? De pareilles idées seraient contraires aux traditions juridiques.

Le texte fait une singulière confusion entre la *compensatio* et la *deductio*. Cela prouve clairement que les mots « *vel deducere* » ont été ajoutés par les commissaires d'Alaric afin d'étendre le texte de Paul. On peut encore expliquer cette irrégularité comme l'a

fait M. Desjardins (1) : « *Compensare* indique la com-
« pensation pour le tout ; *deducere*, la compensation
« qui s'opère jusqu'à concurrence de la créance du
« défendeur plus faible que celle du demandeur. Il
« est impossible que la personne qui était astreinte à
« compenser dans l'*intentio*, ait reçu la faculté d'in-
« sérer une *deductio* dans la *condemnatio* : il est trop
« évident qu'elle eut toujours usé de la faculté, et,
« par conséquent, éludé l'obligation : il serait déri-
« soire d'ajouter *si totum petas, pluspetendo causa*
« *cadis.* »

Ajoutons que s'il eût été question ici de la compensation dans les actions de droit strict confirmée
par le rescrit de Marc-Aurèle, Paul, au lieu de nous
peindre le demandeur encourant la plus-pétition,
nous l'aurait représenté perdant son procès par l'exception de dol. La plus-pétition dont nous parle le
texte nous prouve qu'il s'agit d'un *argentarius*.

Le juge, au moyen de l'exception de dol, peut-il
tenir compte, pour compenser, de toutes les créances?
Pour répondre à cette question, il suffit de réfléchir
sur la ressemblance qui existe entre l'action et l'exception. « Donner une exception, dit M. Machelard,
« est l'équivalent de donner une action, et si l'action
« n'est délivrée qu'autant que son fondement a été
« apprécié par le magistrat, on ne conçoit pas que,

____

(1) M. Desjardins, op. cit.

« pour l'exception, le juge soit investi de la faculté
« de la prendre où il voudra (1). »

§ *IV.—Compensation dans les actions* IN REM.

La compensation, dans les actions *in rem*, n'apparaît que sous Justinien. La loi 14 (Code, *de comp.* 4,
31) et le § 30 des Instilutes en sont la preuve : « Nos-
« tra constitutio eas compensationes latius introduxit,
« ut actiones ipso jure minuant, *sive in rem*, sive in
« personam.» Nous ne voyons aucun texte de Gaïus
parlant de la compensation dans ces actions, ce qui
prouve qu'elle y était étrangère du temps de ce jurisconsulte. Les exceptions dont se servent les auteurs
antérieurs à Justinien en parlant de la compensation
en général nous la montrent comme ayant pour effet
de balancer deux *créances* entre elles, ce qui exclut
les *droits réels* : « *Debiti et crediti contributio* (2) »
etc. etc. tels sont les termes qu'ils emploient. Cela se
comprend, car l'exception de dol aurait pu seule donner au juge le droit de compenser, mais cette exception manquerait de base. Si je réclame de Titius le
fonds cornélien dont je suis propriétaire, j'aurai beau
devoir 100 à Titius, le juge ne pourra pas méconnaître
mon droit de propriété. Quelle réponse peut-il faire à

(1) M. MACHELARD, *Des oblig. nat. en dr. rom.* p. 93.
(2) Loi I, D. h. t.

semblable formule : « *Si paret fundum cornelianum
« A. Agerii esse* », si ce n'est condamner celui qui
détient ce fonds, dans le cas où A. Agerius en est
réellement propriétaire ? D'autre part on ne conçoit
pas qu'il pût être ici question d'une exception de dol :
il n'y a aucun dol à réclamer ce dont on est propriétaire. Il est vrai que, sous le système formulaire,
toute condamnation était pécuniaire, mais cela ne
change pas les termes de la formule. Que le possesseur soit ou non mon créancier, il n'en est pas moins
vrai que ce fonds est le mien, et c'est là le seul
point posé en question dans la formule.

Les textes que l'on a opposés (1) et notamment la
loi 42 (*de mort. causâ donat.* D. 39, 6) que nous
avons déjà expliquée ne sont pas concluants contre
nous. La loi 38 (*de rei vindic* D. 6, 1) suppose un
défendeur à l'action en revendication qui désire
recouvrer du propriétaire certaines impenses par
l'exception de dol. Mais il n'en faut pas conclure
que dans les actions *in rem* arbitraires le juge
puisse *compenser* « ex eâdem causâ », comme il en
a le pouvoir dans les actions de bonne foi. Il n'est
pas question ici de compensation proprement dite :
il s'agit d'un règlement équitable où le juge,
voulant concilier l'intérêt du *dominus* avec celui
du possesseur, veut rendre ce dernier indemne, tout
en faisant justice au propriétaire. Ces textes ne pré-

(1) Loi XXXVIII, *de rei vindic.*, D. (6, 1)

voient donc pas le cas d'une compensation, et il en résulte simplement que, dans l'action *in rem* arbitraire, le juge en vertu d'une certaine clause (1) insérée dans la formule ou en vertu de l'exception de dol, (dans l'*intentio* et quelquefois dans la *condemnatio*) trouve le pouvoir de statuer *ex bono et æquo* (1).

§ V. — *Conditions requises pour que la compensation puisse avoir lieu.*

Ces conditions sont au nombre de cinq. Nous les parcourrons successivement.

1° Il faut que les deux dettes soient *liquides*, c'est-à-dire que leur existence soit incontestable, que l'on sache quel est l'objet dû et quelle est sa valeur (2). En un mot, une dette est liquide quand on sait ce qui est dû, et combien il est dû. La loi 22 de notre titre déclare que si je vous dois un esclave ou 10,000 sesterces à votre choix, la compensation ne pourra avoir lieu que lorsque vous aurez usé de votre droit de choisir. Tant que mon obligation reste alternative, on ne sait ce que je vous dois ni combien je vous dois. Ce texte nous prouve donc qu'il ne peut y avoir de compensation qu'autant que la dette est liquide.

(1) On en voit un exemple dans la seconde action contr Verrès (CICÉRON).

(2) M. DEMANGEAT. op. cit., t. II, p. 580.

(2) CUJAS, *observ.*, l. VIII, c. 16 et l. XV, c. 12.

2° Il faut que les deux dettes soient *exigibles*, c'est-
à-dire que chaque créancier ait le droit d'exiger à
l'instant de son débiteur ce qui lui est dû. Si donc
l'une des parties est tenue d'une dette à terme, on ne
peut compenser. Ulpien (1) le dit formellement.
« quod in diem debetur non compensabitur ante-
« quam dies venit, quanquam dare oporteat.» Ces
derniers mots signifient que *dies cedit* (le débiteur
doit), mais *non venit dies.*

Il faut se garder de confondre cette dette à terme
avec celle dont le paiement a été retardé par humanité
pour le débiteur, car il s'agit dans la loi que nous
venons de citer du terme de droit, et non du terme
de grâce. Dans ce dernier cas rien n'empêche la
compensation (2). Papinien le décide formellement.
Le terme de grâce en effet n'avait été accordé au
débiteur que par ce qu'il n'avait aucun moyen de
se libérer de sa dette: la coexistence de sa créance et
de sa dette lui donne un moyen simple de se libérer.
Quant aux dettes sous condition suspensive, elles ne
pourront être opposées en compensation que lorsque
la condition sera réalisée, car jusque-là, on ne sait
s'il y aura ou non une dette: *tantum spes est debitum
iri (nec cessit, nec venit dies).* Cela est si vrai que,
à la différence de ce qui se passe en cas de dette à
terme, celui qui a payé par erreur avant l'arrivée de

(1) Loi VII, D. h. t.
(2) Loi XVI, § 1, D. h. t.

la condition peut répéter par la *condictio indebiti*.

Les dettes exigibles pouvant seules être opposées en compensation, il semblerait qu'une dette naturelle n'en serait pas susceptible. La loi 6 (h. t. D.) pose cependant un principe contraire: « Etiam quod na- « tura debetur venit in compensationem. » Mais ce texte doit être lu avec réserve. M. Machelard (1) observe que la compensation a des conséquences trop graves pour être toujours accordée à un défendeur qui n'a qu'une créance naturelle.

Il faut reconnaître que cette loi 6 reçoit son appli- cation en cas de pactes. La loi 7 (*de patis D.*) fait l'hypothèse suivante: un mari, après le divorce, convient avec sa femme qu'il lui rendra sa dot de suite, renonçant ainsi aux délais que lui accorde la loi. (Pacto *ex intervallo*.) La femme n'a pas d'action, mais si le mari, devenant créancier de sa femme di- vorcée, la poursuit, elle pourra opposer la compensa- tion (2).

Il faudrait décider autrement dans un cas comme le suivant (3): Un fils de famille s'étant obligé, au mé- pris du sénatusconsulte macédonien, envers Titius, et étant devenu plus tard créancier de ce Titus, n'a point à craindre la compensation que Titius voudrait lui opposer, parceque: « quæcumque per

(1) M. MACHELARD, *Des oblig. nat. en dr. rom.*, p. 90.
(2) M. MACHELARD, loc. cit.
(3) Loi XIV, D. h. t.

« exceptionem perimi possunt, in compensationem
« non veniunt (1). » C'est par la même raison que
celui qui, usant de violence, aurait stipulé de moi
une somme de 100 sous d'or, et dont la demande
serait, en conséquence, paralysée par l'exception
quod metus causa, s'il osait me la réclamer, ne pourrait pas davantage m'opposer cette créance en compensation. Elle existe cependant, en droit strict,
puisqu'il y a eu consentement (*coacta voluntas, voluntas tamen est*), mais elle est soumise à une exception péremptoire.

Faut-il admettre comme condition nécessaire de la
compensation la *fongibilité* des deux dettes, et décider alors que les créances ayant pour objet des corps
certains ne sont pas susceptibles de compensation ?
On exigeait jadis cette condition, autrement, disait-
on, il y aurait là un échange ou une vente forcée,
selon les cas, ce qui est contraire au principe que,
pour qu'il y ait contrat, il faut essentiellement qu'il y
ait eu consentement (2.)

Cette opinion, admissible sous le système des actions de la loi, où le débiteur était condamné à la
chose même qu'il devait, ne saurait se soutenir sous le
système formulaire où toute condamnation est pécuniaire. Il est vrai que l'*argentarius* n'était tenu de

(1) Loi XIV, D. h. t.
(2) DONNEAU, l. XVI, c. 15, n° 7. Le Code Napoléon a suivi
l'avis de DONNEAU (1291).

faire la compensation que si les objets des deux dettes
étaient des choses fongibles entre elles, mais cela
s'explique par la déchéance qui frappait l'*argentarius*
s'il n'avait pas fait une compensation exacte. En
effet, si l'*argentarius* s'était trouvé débiteur d'un corps
certain, et créancier d'une somme d'argent, il aurait
fallu qu'il estimât le corps certain, et, quelque scru-
puleuse qu'eût pu être son estimation, peut-être
n'eut-elle pas concordé avec celle que le juge auriat
faite. Sa déchéance aurait donc été livrée à l'arbitraire le plus entier, ce qui aurait été trop rigoureux.
Il en est autrement de la compensation pour toute
autre personne, car elle n'est pas forcée de la faire
elle-même; peu importe dès lors que l'objet de la dette
soit un corps certain ou une chose fongible : le juge
appréciera.

La preuve que la condition de fongibilité n'a point
été exigée se trouve dans un texte de Paul (1), que
les adversaires ont eux-mêmes souvent cité, et duquel
il résulte que la compensation ne peut avoir lieu en
cas de dépôt. Cette solution donnée d'une façon exceptionnelle prouve, selon nous, que, en règle générale, la compensation avait lieu même pour les dettes
de corps certains, puisqu'il a fallu un texte formel
pour l'interdire dans le cas spécial de dépôt.

Cette condition de fongibilité n'a jamais été requise
dans les actions de bonne foi : il suffisait que les deux

(1) PAUL, *Sentences*, l. II, t. XII, § 12.

dettes fussent nées du même contrat (*ex eâdem causa*), les textes ne parlent en effet que de cette condition. Or, nous avons vu que la compensation fut admise de bonne heure dans les actions de droit strict à l'imitation de ce qui se passait dans celles de bonne foi; c'est à cette innovation que fait allusion ce rescrit de Marc-Aurèle dont nous avons déjà parlé. Une pareille extension a eu évidemment pour but de généraliser la compensation telle qu'elle avait lieu dans les actions de bonne foi; on ne pourrait alors comprendre pour quel motif on aurait exigé la fongibilité qui n'aurait pu que restreindre la compensation, bien loin de l'étendre. Le passage de Paul (1) que l'on objecte souvent doit être écarté : il se rapportait à l'*argentarius,* comme nous l'avons démontré plus haut : cette décision aura sans doute été maladroitement généralisée par les jurisconsultes qui, sur l'ordre d'Alaric, ont rédigé la *Lex romana.*

La loi 4 (Code h. t.) ne parle il est vrai que des dettes de sommes d'argent, mais ce texte n'exclut pas pour cela les autres dettes, il statue « *de eo quod plerumque fit* ».

3° Il faut que l'une des deux dettes soit due à celui qui fait valoir la compensation, et que l'autre dette soit due à celui à qui on l'oppose. Papinien (2) s'exprime sur ce point en ces termes : « Creditor com-

(1) PAUL, *Sentences,* l. II, t. V, § 3.
(2) Loi XVIII, § 1, D. h. t.

« pensare non cogitur quod alii quam debitori suo
« debet, quamvis creditor ejus pro eo, qui circumve-
« nitur ob debitum proprium, velit compensare. »
Ainsi donc, alors même que mon débiteur, créancier
de mon créancier, voudrait opposer à ce créancier
la compensation entre les deux créances, mon créancier ne pourrait être contraint de la subir. Et Gordien
confirme ce principe en ces termes (1): « Ejus quod
« non ei debetur qui circumvenitur sed alii, compen-
« satio fieri non potest (2) ».

Plusieurs conséquences découlent de ce principe :

1° Si un tuteur poursuit, au nom de son pupille, un
des débiteurs de ce pupille, le défendeur ne pourra
venir opposer la compensation de ce que le tuteur lui
doit, car le vrai demandeur est le pupille et non le
tuteur. Si donc je suis actionné par un tuteur et que
je sois débiteur du pupille, et créancier du tuteur qui
m'actionne, je ne pourrai lui opposer ma créance, car
ce n'est pas le pupille qui me doit, mais le tuteur;
ceci rentre bien dans la loi de Papinien que nous venons
de citer (3).

2° Comme l'héritier continue la personne du défunt, je pourrai opposer à Titius, mon créancier, héritier de mon débiteur, la compensation des deux

____

(1) Loi IX, *Code*, h. t.
(2) DONNEAU, *de Jure civili*, l. XVI, c. 15, n° 11.
(3) Loi XXIII, h. t. D. VOET, *ad Pand. comment.*, l. VI, t. II,
n° 8.

dettes, mais seulement jusqu'à concurrence de sa part héréditaire, car il ne continue la personne du défunt que pour cette part.

3° Quand deux *rei promittendi* ne sont pas asso-ciés, la circonstance que le créancier devient débiteur de l'un d'eux ne pourra pas être invoquée par l'autre. C'est ce que décide textuellement la loi 10 (*de duobus reis, D.*). « En effet (1), la créance qui naît au « profit de l'un des *rei* contre le créancier commun laisse « subsister l'obligation corréale. Le créancier conserve « donc le droit de poursuivre l'autre *reus*, comme si « l'obligation n'eût été contractée que par lui. Dès « qu'il y a eu *litiscontestatio* contre le débiteur « *Primus*, le débiteur *Secundus* s'est trouvé libéré de « l'obligation corréale, et il lui est fort indifférent que « *Primus* soit condamné à une somme plus forte ou « à une somme plus faible, attendu qu'il n'a point à « craindre de recours de sa part. »

En cas de société, il en était autrement. Celui qui avait payé pouvait opposer la compensation à son co-débiteur ; on évitait ainsi le recours du *reus* pour-suivi, contre son *correus*, et une action de celui-ci contre le créancier commun. *Primus*, poursuivi par le créancier, sera absous complétement (si les deux « créances sont égales), seulement *Secundus*, dont la « créance a été sacrifiée dans l'intérêt commun, « recourra pour moitié *Primus* par l'action *pro*

(1) M. Demangeat, *de duob. reis*, p. 277.

socio (1). » On peut dire en effet que : « societas facit
« ut quodammodo videantur una persona (2). »

Suivant M. Demangeat, en cas de société il en est
ainsi soit qu'il s'agisse de *correi* véritables, soit qu'il
s'agisse de simples obligés *in solidum*. — Notre savant
maître ne regarde la disposition de la loi 10 (*de duobus
reis*) comme parfaitement vraie que lorsqu'il s'agit
d'une *corréalité* proprement dite. Si donc nous supposons de simples obligés *in solidum*, même au cas où il
n'y a pas société, le débiteur solidaire qui a dû payer
toute la dette a un recours contre son codébiteur,
car en payant il a obtenu du créancier d'être investi
de son action. On suppose que le créancier lui a cédé
l'action *pro socio*. Il pourra donc opposer la compensation, mais seulement jusqu'à concurrence de la part
que doit supporter en définitive son codébiteur (3).

La règle que nous avons posée d'après la loi 28,
§ 1, n'est pas sans exception. Ainsi, le fidéjusseur,
poursuivi par le créancier, peut, non-seulement opposer sa propre créance, mais encore celle du débiteur principal. Les exceptions que peut invoquer le
débiteur principal peuvent en effet être invoquées
aussi par le fidéjusseur (4).

Du principe que la créance que nous voulons op-

(1) M. Demangeat, *de duob. reis*, p. 279.
(2) Pothier, *ad Pand. de comp.*, n° 17.
(3) D'après M. Demangeat, il n'y a de véritable obligation
corréale que celle qui naît d'une *condictio*.
(4) *Instit. de Justinien, de fidej.*, § 5. — L. IV et V, h. t. D

poser en compensation doit nous être personnelle, s'ensuit-il que celui qui a été constitué *procurator in rem suam* ne puisse opposer la compensation de la créance qu'il a ainsi mandat de recouvrer pour lui-même, avec ce qu'il peut devoir au débiteur de cette créance?

Ceci se rattache au système romain des cessions de créance. A Rome, on considérait que la créance, établissant une relation personnelle entre deux individus, on ne pouvait changer un des sujets de ce rapport sans détruire l'autre. Aussi était-il impossible de céder les créances. On avait cependant trouvé un certain nombre de moyens d'éluder cette rigueur. Le plus commode était de constituer celui que nous appellerions chez nous le cessionnaire, de le constituer, disons-nous, *procurator in rem suam* : il avait ainsi mandat de recevoir en son nom paiement de la créance du mandant. Mais, jusqu'à ce qu'il y ait eu *litiscontestatio* entre lui et le débiteur, ce mandat pouvait tomber, par exemple par la révocation faite par le mandant. Aussi Papinien (1) pose-t-il le principe suivant : « In suam rem procurator datus, post « litem contestatam, si vice mutua conveniatur, « æquitate compensationis utetur. » Tant que la *litiscontestatio* n'a pas eu lieu, le *procurator* n'est donc pas saisi de la créance, et, en conséquence, ne peut l'opposer en compensation. Plus tard il eut un

(1) Loi XVIII, h. t. D.

moyen facile de s'assurer la créance : ce fut de faire une *denuntiatio* au cédant. Enfin on finit par accorder au cessionnaire toutes les actions du cédant comme actions utiles. C'est du moins ce qu'atteste Ulpien (1).

Il résulte du principe d'après lequel la compensation n'est pas admise si l'une des deux dettes n'est point due à celui qui fait valoir la compensation et l'autre à celui à qui on l'oppose, que « lorsqu'un mi-
« litaire a choisi un héritier pour ses biens *castrenses*
« et un héritier pour ses autres biens, un débiteur -
« obligé envers l'un de ces héritiers, s'il veut com-
« penser ce qui lui sera dû par l'autre, ne sera pas
« écouté » (2).

Nous savons d'abord que le militaire pouvait, con-
trairement à la règle générale, mourir *partim testatus*, *partim intestatus*, et instituer une personne pour héritière de ses biens *castrenses*, et laisser ses autres biens aller à ses héritiers *ab intestat*. Il pouvait aussi, et c'est le cas prévu par notre texte, instituer un héritier pour tel de ses biens, et un autre pour tel autre bien. En pareil cas, il y avait deux hérédités distinctes (3). « Les choses corporelles (*corpora*), dit
« notre savant maître, M. Pellat (4), laissées par un
« militaire ne sont pas comme celles qui sont dans
« les autres successions, d'après le droit commun,

(1) Loi LV, *de Procurat.*, D. III, 3. M. MACHELARD (*cours*),
(2) Loi XVI, pr. h. t. D.
(3) Loi XVII, § 1, D. *de Testam. milit.* 19, 1.
(4) M. PELLAT, *Textes choisis des Pandectes*, p. 359.

« *indivises* entre les deux héritiers, mais, en vertu
« des constitutions impériales (1) qui permettent au
« militaire de diviser ses biens à sa volonté, elles se
« trouvent divisées *ipso jure* : les choses comprises
« dans les biens *castrenses* appartiennent exclusi-
« vement à l'héritier institué pour ces biens ; les
« autres appartiennent exclusivement à l'héritier des
« biens *non castrenses*. Par conséquent, l'action des-
« tinée à faire cesser l'indivision, le *judicium familiæ*
« *erciscundæ* est ici sans application. C'est ce que dit
« formellement la loi 25 § 1, D. *(famil. erciscundæ,*
« 122).»

Une question peut s'élever sur le point de savoir si
le fils de famille peut opposer en compensation de ce
qu'il doit, ce qui est dû à son père. La raison de
douter, c'est que la créance que nous voulons opposer
en compensation doit nous être personnelle. La loi 9
de notre titre prévoit ce cas. Le *principium* de cette
loi suppose d'abord qu'une société ayant été formée
avec un fils de famille ou un esclave, le père ou le
maître agit par l'action *pro socio*, d'après le principe
que le père ou le maître acquiert tous les droits et
toutes les actions du fils ou de l'esclave. Or, celui
contre lequel sera dirigée cette action *pro socio*
pourra, en invoquant la compensation de ce que le
fils ou l'esclave lui doit, être intégralement payé, car
le père ou le maître, en agissant ainsi, ratifie le con-

(3) Loi 11, *Code*, VI, 21.

trat de société passé par le fils ou l'esclave. « Il im-
« porte peu, en effet, que le *jussus domini* ait ou
« non précédé le contrat ou qu'il soit intervenu en-
« suite sous forme de ratification (1). »

Si au contraire c'était un associé qui agissait contre
le maître ou le père, il n'obtiendrait compensation
que jusqu'à concurrence du pécule. Car, comme le
dit Cujas (2) : « Solidum quod non potest servari per
« actionem, servatur per compensationem. » Le
maître ou le père qui agit *pro socio* doit subir la condamnation pour le tout, *ex eâdem causâ*, c'est-à-dire
si la créance qu'on lui oppose est née du même contrat de société. Mais qu'arrivera-t-il si l'on suppose
que l'associé agisse contre le fils? (Ce jurisconsulte
ne suppose pas qu'on agisse contre l'esclave, puisque
les esclaves ne peuvent figurer en justice.) Le fils de
famille alors pourra t-il opposer à cet associé les
créances que son père a acquises en vertu du contrat
de société, par son intermédiaire ?

Le fils actionné *in solidum* pourra, nous dit Paul,
opposer en compensation les créances de son père
nées de ce contrat, car « *unus est contractus* ». En
effet ce contrat de société a obligé le père seulement
de peculio (et pour la totalité s'il a ratifié), et en
même temps, le fils, *in solidum*. Il y a là un contrat
unique, dit Cujas, une seule et même société, à cause
de laquelle l'obligation a été acquise au père. Mais si

(1) M. DEMANGEAT, *Cours de dr. rom*, t. II, p. 621.
(2) CUJAS, loi IX, sur PAUL, *ad Edict.* lib. 32.

lo fils veut compenser ce que la société doit au père, avec ce qu'il doit lui-même, lui fils, la caution *de rato* devra intervenir pour assurer au tiers que le père ne viendra pas plus tard répéter ce qui aura été ainsi compensé.

Donneau (1) a cependant prétendu que le § 1 de la loi IX permet au fils de faire entrer en compensation toute espèce de créance appartenant à son père, mais la suite des idées, la liaison intime qui unit le *principium* avec le § 1, ne nous semble pas devoir donner raison à cette interprétation.

Nous avons ainsi passé en revue les conditions requises pour que la compensation puisse avoir lieu. Ajoutons avec le jurisconsulte Gaïus (2) que la créance qui a déjà été l'objet d'une action parvenue à la *litiscontestatio* peut cependant être compensée : « De peur, dit-il, que le créancier le plus diligent ne « soit traité plus mal, ce qui arriverait si la compen- « sation lui était refusée. »

La compensation était-elle possible dans l'action *depositi directa?* Il résulte d'un texte de Paul (3) qu'elle était interdite en pareil cas : « In causa depo- « siti compensationi locus non est, sed res reddenda « est. » Il faut renoncer à voir là une interpolation des commissaires d'Alaric, puisque le texte de Justi-

____

(1) DONNEAU, *de jure civili, ad legem*, IX, *Code.* En ce sens M. DESJARDINS, op. cit., p. 96.
(2) Loi VI 1, D, h. t.
(3) PAUL, *Sent.*, l. II, XII, § 2.

nien qui refuse la compensation dans l'action do dépôt est de vingt ans postérieur à l'année 506 où le
Breviarium a été rédigé (1). Cette décision de Paul est
cependant singulière, car l'action do dépôt aboutissait,
comme toutes les autres, à une condamnation pécuniaire sous le système formulaire. M. Desjardins donne
de ce texte une interprétation très-ingénieuse et admissible à tous égards : Paul fait allusion à l'infamie
qui résultait de l'action *depositi directa* : « Sans
« doute, dit-il, la compensation était admise... mais
« le dépositaire ne pouvait éviter l'infamie que par la
« restitution de l'objet même (2). » Il en résultait que,
indirectement, il ne pouvait compenser.

Quant aux créances d'aliments, elles n'étaient pas
susceptibles de compensation, à moins, comme l'observe Voët (3), qu'il ne fût question d'aliments dus *in
præteritum*. L'impossibilité de compenser une créance
d'aliments est fondée sur ce que les aliments étant
nécessaires à la vie, on ne pourrait empêcher de les
fournir sans commettre une sorte de crime. Si le débiteur a négligé de payer la dette d'aliments dans le
passé, le créancier a pu vivre avec d'autres ressources,
et, dès lors, sa créance est compensable, le motif qui
interdisait la compensation n'existant plus. Mais
l'interdiction subsiste pour les aliments dus dans l'a-

(1) Loi XIV, § 1, *Code*, h. t.
(2) M. DESJARDINS, loc. cit.
(3) VOET, *ad Pand. de compensationibus*. L. XVI, t. XXXI,
n° 16.

venir. Papinien (1) explique cette idée : « Alimento-
« rum præbendorum necessitas, oneribus menstruis
« atque annuis verecundiam quoque pulsantibus ads-
« gitur. »

III. PROCÉDURE EXTRAORDINAIRE.

Nous avons vu, sous le système des actions de la
loi, lorsqu'un procès s'élevait entre pérégrins, (ou
entre un *civis* et un *peregrinus*), le *prætor peregrinus*
nommer des *recuperatores* pour juger l'affaire, et
leur donner, dans une sorte de formule, le droit de
prononcer une condamnation pécuniaire, tout en leur
interdisant formellement d'attribuer la propriété
quiritaire, ni aucun de ses démembrements, puisque
les pérégrins étaient exclus de la participation au droit
civil.

Lorsque le système des actions de la loi disparut,
condamné par l'opinion, le système formulaire prit
sa place, ce dernier est une généralisation de ce qui se
passait pour les pérégrins ; on l'appliqua ensuite
aux *cives* aussi bien qu'aux *peregrini*. Mais la législation ne resta pas stationnaire ; on vit bientôt apparaître un nouveau mode de procédure tout différent.
La distinction entre le magistrat (*prætor*), fonctionnaire
public, et le juge, simple particulier ; entre le *jus* et

(1) Loi VIII, *in fine*, D. 34, 1.

lo *judicium*, s'effaça peu à peu, et bientôt le magistrat dut connaître et résoudre l'affaire par lui-même. Ce nouveau système s'établit graduellement sous la procédure formulaire. Dans les cas où le droit civil et le droit prétorien étaient muets, on s'adressait au magistrat qui statuait, comme mesure extraordinaire, par lui-même, et sans renvoyer l'affaire à un juge. Mais ces cas étaient exceptionnels. Quand le gouvernement impérial eut remplacé la république, la centralisation qui s'en suivit réagit sur le droit, et l'usage des *cognitiones extraordinariæ* devint plus fréquent ; ce qui avait été l'exception ne tarda pas à devenir la règle : une constitution de Dioclétien et de Maximien consacra cet état de choses : « omnia judicia « facta sunt extraordinaria (1). »

L'empereur Constance, en 342 abolit les formules: « juris formulæ aucupatione syllabarum insidiantes « cunctorum actibus, radicitus amputentur (2). » Dès lors l'action changea de caractère ; ce ne fut plus un mode de procéder; ce fut le droit de s'adresser à l'autorité pour réclamer ce qui nous est dû. L'exception éprouve un changement analogue ; au lieu que ce soit le magistrat qui l'emploie pour restreindre dans la formule le pouvoir du juge, c'est le défendeur qui vient l'opposer devant le tribunal.

Ces innovations exercèrent une grande influence

(1) *Instit. de Just. de succ. publat.*, 3, 12. Loi II, *C. de Jud. ped.*, 3, 3.
(2) Loi I, *C. de formulis* (2, 58).

sur les procès. Le principe que la condamnation est pécuniaire, principe né avec les formules, disparut avec elles, et la condamnation put désormais atteindre la chose même, objet de la demande: « Curare « debet judex ut omnimodo quantum possibile sit, « certæ pecuniæ *vel rei* sententiam ferat, etiamsi de « incerta quantitate apud eum actum est (1). » On a tiré de là cette conséquence que, à la différence de ce qui avait lieu sous le système formulaire où la compensation pouvait avoir lieu même *ex dispari specie*, la compensation ne fut possible, sous la procédure extraordinaire, qu'autant que les créances furent *ejusdem naturæ*.

Malgré l'équité de ce système, il nous semble impossible de l'accepter. La compensation ayant été admise *ex dispari specie* sous l'empire de la procédure formulaire, il faudrait montrer des textes indiquant que l'ancien principe a été abrogé. Il n'est pas rare de voir certains principes survivre à l'état de choses qui les avait fait établir. Il est vrai que, admettant un nouveau système de procédure où la condamnation portait sur l'objet même du litige, il aurait été plus logique de décider qu'à l'avenir la compensation ne serait plus admise que si les deux créances se trouvaient *ejusdem naturæ*. Mais cette anomalie s'explique historiquement. Sous le système formulaire le magistrat était investi du pouvoir de convertir par la

____

(1) *Institut. de Inst. de act.*, § 32, 4, 6.

condamnation une dette de corps certain ou une dette
de somme d'argent (la condamnation étant pécuniaire).
Quand le système extraordinaire se constitua, ce fut
insensiblement, sans brusque transition : « Le ma-
« gistrat a pu garder un pouvoir séculaire qui avait
« toujours été considéré comme fondé sur l'équité.
« Sous le précédent système, il y avait des cas où les
« procès étaient jugés *extra ordinem* par le prési-
« dent. Il est très-probable que la compensation y
« était admise. .... or le système extraordinaire
« n'a été que le développement et la généralisation
« des *persecutiones* (1). »

La compensation reçut des modifications importantes de la part de Justinien. La constitution 14 au
Code (h. t.), émanée de ce prince, pose en principe
que désormais la compensation aura lieu *ipso jure*
sans qu'il y ait à faire de différence entre les actions
réelles et celles personnelles : « Nostra constitutio eas
« compensationes quæ jure aperto nituntur, latius
« introduxit ut actiones ipso jure minuant, *sive in*
« *rem*, sive in personam, sive alias quascumque ;
« excepta sola depositi actione, cui aliquid compen-
« sationis nomine apponi satis impium esse credidi-
« mus, ne, sub prætextu compensationis, deposita-
« rum rerum quis exactione defraudetur (2). »

Et la loi 14 pr. (Code, h. t.) s'exprime ainsi :

____

(1) M. DESJARDINS, op. cit., p. 150.
(2) *Instit. de Inst.*, § 30, *de act.*, 4, 6.

« Compensationes ex omnibus actionibus ipso
« jure fieri sancimus, nulla differentia *in rem* vel
« personalibus inter se observandâ. »

Deux exceptions sont seulément apportées à cette
règle génér:le :

1° En cas de *dépôt* : « In causa depositi compen-
« sationi locus non est, sed res ipsa reddenda est
« (1). »

2° En cas de *spoliation* : « Possessionem alienam
« perperam occupantibus, compensatio non datur
« (2). »

Puis, pour couper court aux procès que la compensation aurait pu faire naître si elle avait été admise
dans tous les cas, la constitution de Justinien déclare
que l'on ne pourra tenir compte que des créances non
contestables et liquides (3).

Cette constitution 14 soulève deux questions dont
l'une, surtout, a fait l'objet des plus vives contro-
verses entre les auteurs.

D'abord, on s'est demandé jusqu'où s'étendait
l'innovation qui consiste à avoir admis la compensation dans les actions *in rem*.

M. Gide (4) dans un rapport sur les concours de la
Faculté de droit de Paris soutient que, malgré l'innovation de Justinien, on ne pourra compenser que si

(1) PAUL, *Sentences*, II, 12, § 2. Et, loi XIV, *Code*, § 1, h. t.
(2) Loi XIV, § 2, *C*. h. t.
(3) Loi XIV, § 1, *C*. h. t.
(4) M. GIDE, *Rapport de* 1860-1861.

une demande pécuniaire est jointe à l'action *in rem*. Car il ne peut admettre « cette monstrueuse anomalie « d'une compensation qui aurait pour résultat non « plus une extinction de créances, mais une trans- « lation de propriété, une aliénation forcée. »

Le texte de Justinien est néanmoins trop formel pour que l'on puisse partager ce système. La constitution 14 pèche contre l'équité, elle viole le respect dû à la propriété, soit, mais c'est le cas de répéter cet adage : « *dura lex sed lex*. » En présence de ces mots : « *sive in rem, sive in personam* » il nous semble arbitraire de refuser d'admettre la compensation dans les actions *in rem*, tout en reconnaissant avec M. Gide la rigueur de cette décision. On a du reste donné un motif très-plausible pour expliquer comment Justinien a pu porter une semblable loi. « L'Empereur pensait sans doute que le revendi- « quant, s'il tenait à avoir sa chose, pouvait payer sa « dette avant d'agir (1). »

La deuxième question soulevée par notre texte est encore plus débattue. Nous allons étudier les principales opinions qui se sont élevées à ce sujet.

Selon Cujas, Domat et Pothier, la compensation qui, jusqu'à Justinien, avait été l'œuvre du juge changea de caractère, et, de *judiciaire* devint légale, c'est-à-dire qu'elle s'opéra par la seule volonté de la loi, et que les personnes qui étaient réciproquement

____

(1) M. DESJARDINS, *loc. cit.*, p. 156.

créancières et débitrices l'une de l'autre se trouvèrent libérées *ipso jure*, sans avoir besoin d'invoquer la compensation. Dans ce système, la compensation, après avoir eu lieu *ipso jure* dans les actions de bonne foi où elle était assimilée au paiement, fut plus tard introduite dans les actions de droit strict, grâce à l'insertion d'une exception dans la formule. Puis, sous l'inspiration des prudents, la nécessité de l'exception disparut, et ce changement fut consacré législativement par Alexandre Sévère (1).

À l'appui de ce système, on cite d'abord un certain nombre de textes où les mots *ipso jure* ont exactement le sens qu'il leur donne. Dans toutes ces lois « *ipso jure* » et « *sola legis auctoritate* » sont des expressions synonymes. Si donc tel est le langage de la loi dans un certain nombre de cas, il est probable qu'elle ne l'a pas abandonné, et que, dans la constitution 14 notamment, *ipso jure* signifie que la compensation est légale. — Ainsi les Institutes (2) dispensent le pupille de l'autorisation de son tuteur, et le *furiosus* du consentement de son curateur pour l'acquisition de l'hérédité, laquelle a lieu *ipso jure*, à leur insu.

Voici maintenant un texte de Gaïus (3) : « Optimum « quidem est statim ab initio ita testatorem distri- « buere legata, ne dodrantem (4) relinquantur ; quod

(1) Loi IV, *C.* h. t.
(2) *Instit.*, § 3, *de hæredit quæ ab int. defer.* (3, 1).
(3) Loi LXXIII, § 5, D. *ad leg. falcid.* (35, 2).
(4) *Dodrantem*, c'est-à-dire les *neuf douzièmes*.

« si excesserit quis dodrantem, pro rata portione,
« per legem ipso jure minuuntur.»

Dans ces deux textes, il s'agit d'une acquisition par
la seule force de la loi, « *sola legis auctoritate*». Les
mots *ipso jure* ont donc, nous dit-on, ce sens dans la
langue juridique.

Ulpien (1) accorde la *condictio indebiti* à celui qui
a payé alors qu'il lui était loisible de compenser :
« Si quis compensare potens solverit, condicere po-
« terit quasi indebito soluto. » C'est donc que la dette
était éteinte puisqu'il a payé ce qu'il ne devait pas.
Or, cette extinction ne dérive pas de son fait ni de
celui du juge ; elle a donc lieu par la seule force de la
loi.

On cite encore deux constitutions de Sévère (2) qui
décident que les intérêts de deux dettes qui se compensent cessent d'être dus à partir du moment où elles
ont coexisté, et que ce sera seulement celui des plaideurs dont la créance dépasse celle de l'autre qui
pourra réclamer des intérêts depuis cette coexistence,
mais, bien entendu, seulement pour le chiffre dont
sa créance est supérieure. S'il n'est pas dû d'intérêts
pour ces dettes, il faut reconnaître que c'est qu'elles
sont éteintes de plein droit jusqu'à due concurrence.

La loi 21 (h. t. D.) ne semble pas moins formelle :

(1) Loi X, § 1, h. t. D.
(2) Lois IV et V, *Code*, h. t.

« «Postea quam placuit *inter omnes* id quod invicem
« debetur ipso jure compensari, si procurator absentis
« conveniatur, non debebit de [rato cavere, quia
« *nihil compensat*, sed ab initio minus ab eo petitur.»

Ainsi donc, voilà le procureur d'un absent dispensé de fournir la caution *de rato*, car il ne fait pas
lui-même la compensation, mais il allègue qu'elle
a eu lieu de plein droit, « *ipso jure* ». C'est donc qu'il
s'agit ici de compensation légale.

Enfin on objecte le fameux texte de Paul (1) que
nous avons déjà rencontré et d'après lequel celui qui
poursuit son débiteur sans tenir compte de la compensation est soumis à la plus-pétition: « Si totum
petas, pluspetendo causa cadis.» Il résulte, disent les
partisans de ce système, et notamment Pothier, que
les deux dettes étaient déjà éteintes jusqu'à concurrence de la plus faible, du jour où elles ont existé en
même temps, autrement le créancier ne demanderait
pas plus qu'il ne lui est dû.

Il nous semble cependant, malgré ces arguments,
que ce système doit être rejeté, et que l'idée d'une
compensation légale n'a jamais été connue des Romains. L'opinion contraire n'aboutirait à rien moins
qu'à faire de la compensation un mode d'extinction
des obligations. Or on ne pourrait expliquer pourquoi
Justinien, en énumérant les modes d'extinction, ne dit
pas un mot de la compensation. Ce silence serait inex-

(1) PAUL, *Sentences*, l. II, t. V, § 3.

plicable si, comme le veulent nos adversaires, la compensation devait être assimilée au paiement (1).

Les textes du Digeste et du Code que l'on nous objecte ne sont rien moins que concluants, reprenons-les successivement.

La loi 10 § 1 (h. t. D.) qui accorde la *condictio indebiti* à celui qui a payé alors qu'il pouvait compenser ne prouve nullement que la compensation soit légale. Si le texte accorde la *condictio indebiti*, c'est en vertu de ce principe que celui qui a payé sans invoquer une exception perpétuelle qui lui compétait a le droit de répéter (2). On peut raisonner ainsi: Le texte accorde cette *condictio* parce qu'il n'a pas invoqué d'exception, c'est donc que la compensation n'est pas légale, car s'il en était ainsi à quoi bon le forcer à invoquer une exception ?

L'argument tiré des constitutions 4 et 5 au Code (h. t.) n'est pas plus probant. Si le cours des intérêts de deux dettes qui se compensent est interrompu du jour où elles ont coexisté et jusqu'à due concurrence, il ne faut pas voir là une conséquence de l'introduction de la compensation légale. Nous trouvons en effet une décision semblable dans une loi d'Ulpien (3) et ce jurisconsulte l'attribue à Septime Sévère (4). Elle

---

(1) *Instit. de Inst. quib. mod. oblig. tollitur* (3, 29).
(2) Loi XL, *de Cond. indeb.*, D. (12, 6).
(3) Loi XI, D. h. t. L'épithète *divus* prouve qu'il s'agit ici d'un prince mort.
(4) SEPTIME SÉVÈRE, vivait de 193 à 211 de notre ère, tandis

est donc antérieure à l'époque où nos adversaires
placent l'apparition de la compensation légale (c'est-
à-dire à Alexandre Sévère). Ce résultat a sa source uniquement dans l'équité, comme nous la dit la constitution elle-même : il serait injuste que celui auquel
il est dû un capital productif, d'intérêts, et qui est
devenu, débiteur de son débiteur d'un capital
non productif, puisse profiter de sa négligence
pour laisser accumuler les intérêts sur la tête
de ce dernier en ayant soin de ne pas le poursuivre. Les constitutions 4 et 5 nous semblent donc,
si nous ne nous trompons pas, se retourner contre
ceux qui les invoquent.

Quant au passage de Paul (3) que l'on nous oppose,
on n'y saurait trouver un argument sérieux puisque,
comme nous nous sommes efforcé de le démontrer
plus haut, il se réfère à l'*argentarius*, pour lequel il
avait été créé des règles spéciales. Il faut aussi remarquer que rien dans ce texte si souvent cité n'indique
une compensation légale. Bien loin de là, ses termes
se réfèrent à une compensation imposée au créancier
et non point faite par la seule force de la loi. Comment traduire ces mots si l'on admet l'opinion contraire : « Compensare vel deducere debes » ?

Il en est de même de la loi XXI (h. t. D.). Elle se
référait aussi à l'*argentarius*. Les mots « *inter omnes*»

qu'ALEXANDRE SÉVÈRE, auteur des Constitutions 4 et 5 au
Code, vivait de 222 à 235.
(1) PAUL, *sent.*, l. II, t. 5, § 3.

que l'on y remarque ont dû être ajoutés par les commissaires de Justinien : l'idée d'une compensation
légale ressort si peu clairement de cette loi que
Pothier, dans l'interprétation qu'il en donne, a cru devoir ajouter au texte ces mots qui en dénaturent le
sens : « Non ipse procurator compensat, sed lex facit
« compensationem. » Le texte au contraire s'exprime
ainsi : « Quia nihil compensat, sed ab initio minus
« ab eo *petitur*. » Cela suppose bien une demande en
justice dans laquelle la compensation est invoquée ;
c'est donc qu'elle n'avait pas lieu de plein droit :
elle n'était donc pas légale. Dans ce texte il s'agit,
nous le répétons, d'un *argentarius* qui, actionnant un
procurator dont il est lui-même débiteur, réduit sa
demande, à la différence des deux sommes. Ces considérations nous semblent pleinement réfuter le système de la compensation légale ; elles nous montrent
combien les lois citées en sa faveur sont loin d'avoir
le sens qu'on leur donne. Il conduit du reste à des
résultats peu équitables, et sur lesquels nous reviendrons en étudiant les articles 1289 et suivants du
Code Napoléon, au lieu que la compensation judiciaire
les évite.

Plusieurs systèmes ont été émis sur ce point controversé. M. Demangeat interprète autrement la
constitution de Justinien. D'après lui, la compensation
n'est point légale, elle n'est pas non plus laissée à
l'arbitraire du juge. Les mots *ipso jure* signifient que
les parties ont, de par la loi, le droit d'invoquer la

compensation quelle que soit la nature des rapports qui existent entre les parties. Voici comment s'exprime le savant professeur :

« Quand Justinien a décidé que la compensation
« s'opérait de plein droit, voici ce qu'il a voulu dire.
« Le débiteur qui devient créancier de son créancier
« a, par cela même, droit à la compensation, quelle
« que soit la nature de ses rapports avec lui. Et son
« droit à la compensation n'est point subordonné à
« l'appréciation du juge ; vainement le juge de l'ac-
« tion dirigée contre moi se refuse-t-il à tenir compte
« de ma créance ; au fond, ma position n'est pas pour
« cela changée, et, pourvu qu'à une époque quel-
« conque je parvienne à justifier de ma créance, je
« serai traité exactement comme si le juge de l'ac-
« tion dirigée contre moi avait fait la compen-
« sation (1). »

Ce système, bien qu'il cadre parfaitement avec tous les passages où l'on rencontre ces mots: *ipso jure compensare*, nous semble ne pas devoir être admis, d'abord parce que Gaïus (2) nous prouve qu'il n'est pas indifférent de savoir quelle est la nature des rapports qui existent entre les parties.

Voici l'hypothèse de la loi 5 : Primus est créancier de Secundus, et Tertius s'est porté comme fidé-jusseur. Dans la suite, Secundus devient créancier de

<hr>

(1) M. DEMANGEAT, *Cours élém. de dr. Romain*, § 2, p. 619.
(2) Loi V, D. h. t.

son créancier Primus, et Tertius, fidéjusseur, le devient aussi du créancier commun Primus. Gaïus décide alors que le fidéjusseur a le droit de choisir la créance qu'il veut opposer en compensation : il choisira donc ou la sienne ou celle du débiteur principal, selon qu'elle sera plus ou moins forte.

Il résulte en outre de cette interprétation que si le juge refuse de compenser, alors que j'ai le droit d'exiger que la compensation soit faite, je pourrai (pourvu que ma demande n'ait pas été rejetée comme mal fondée, car alors il y aurait chose jugée), me prévaloir de mon droit devant un autre juge.

Il semble étonnant que les jurisconsultes romains, et Justinien surtout, aient exprimé une idée si simple : Justinien en écrivant sa constitution voulait évidemment innover, et non pas proclamer des principes depuis longtemps reconnus : « *Nostra constitutio latius introduxit.* » Il s'agit sans nul doute d'une innovation.

Suivant un troisième système, celui de Donneau et de Vinnius, la compensation resta judiciaire ; l'empereur Alexandre Sévère dispensa de l'obligation d'opposer l'exception de dol par laquelle s'était jadis introduit le droit de compenser dans les actions de droit strict. Mais il n'est pas vrai de dire que l'exception de dol n'existait plus sous Alexandre Sévère, puisque Justinien (avant d'avoir écrit la constitution 14) en parle comme d'une institution existant encore de son temps. Voici ses propres paroles : « Si quis

« vel pecuniam, vel res quasdam per depositionis ac-
« ceperit titulum, eas volenti ei qui deposuit reddere
« illico modis omnibus compellatur : nullamque
« compensationem, *vel doli exceptionem* oppo-
« nat (1). »

Après avoir ainsi réfuté les principaux arguments
auxquels la constitution de Justinien a donné naissance, nous sommes naturellement amenés à l'expo-
sition de celui qui nous semble devoir être adopté.

Nous pensons avec Donneau et Vinnius qu'il s'agit
dans la constitution 14 d'une compensation judiciaire,
et que les mots *ipso jure* signifient que, désormais, le
juge pourra compenser sans qu'il ait été nécessaire
d'opposer l'exception de dol. Mais notre système
diffère de celui de ces deux jurisconsultes en ce que
c'est à Justinien et non à l'empereur Alexandre Sévère
que nous attribuons l'honneur d'avoir changé la procédure et dispensé d'opposer l'exception.

Pour bien comprendre la filiation historique, pas-
sons rapidement en revue ce que nous avons exposé.
Dans le principe, la compensation n'est possible que
dans les actions de bonne foi, et encore faut-il qu'elle
ne soit point opposée *ex dispari causa*. Le juge de
l'action de bonne foi est investi du droit de compenser. Dans la suite, les idées juridiques s'élargissent,
et, de même que le système inflexible des actions de
la loi fait place à un mode de procéder moins rigou-

______
(1) Loi XI, *Depositi*, 1, 31.

reux, de même la compensation s'introduit dans les actions de droit strict, soit *ex dispari*, soit *ex pari causa*, puis, dans celles de bonne foi *ex dispari causa*. Marc-Aurèle consacre par son autorité législative cette innovation qui s'était introduite bien avant lui. La procédure formulaire ne tarde pas à disparaître : l'obligation où l'on était de recourir au magistrat pour avoir une formule réglant le point de droit, et d'aller ensuite trouver le juge, simple particulier, pour trancher le point de fait, tout cela joint au désir qui animait les Empereurs de réunir sur leur tête toute la puissance judiciaire en ayant par eux ou par leurs délégués, la connaissance de toutes les contestations, de tous les procès, ne tarde pas à la faire tomber en désuétude. Toutefois les exceptions subsistent, non plus, il est vrai, comme modification de la formule, puisque les formules n'existent plus, mais comme procédure spéciale devant le magistrat. Justinien paraît alors, et, dans un ouvrage élémentaire où il cherche à résumer, dans un ordre aussi méthodique qu'il le peut, toute la science du droit, il modifie certains points qui lui semblent ou contraires à l'équité, ou trop compliqués. Au titre des actions, § 30, il remarque que la procédure de la compensation est entachée de ce vice ; il lui semble exorbitant qu'on soit obligé de recourir à une exception, pour pouvoir compenser, et, donnant une large extension aux pouvoirs du juge, il décide que, désormais, ce magistrat pourra compenser dans toute espèce d'actions sans qu'il soit besoin des formalités de l'exception.

Telle est, selon nous, la marche logique et naturelle des idées dans cette question qui a toujours été intimement liée à la procédure. Qu'on lise attentivement le § 30 (*de Act.*, *Instit.*), et l'on demeurera persuadé que tel est son véritable sens. Les mots *ipso jure* et *opposita exceptione* nous donnent la clef de cette énigme juridique. Ces expressions se font antithèse, et ce n'est pas seulement dans ce passage de Justinien que ces expressions ont ce sens. On les trouve employées avec la même signification dans un certain nombre de textes et surtout dans une loi du jurisconsulte Paul (1). Cette loi suppose que deux personnes, dont l'une était débitrice de l'autre, ont fait un pacte *de non petendo*. Puis, ensuite, qu'elles ont fait, peu de temps après, un nouveau pacte pour détruire le premier (c'est-à-dire un pacte *de petendo*). Paul, en présence de ces faits, décide que le premier pacte ne sera pas détruit par le second *ipso jure* comme le serait une première stipulation par une seconde faite en sens contraire. Une réplique sera nécessaire pour paralyser l'exception dirigée en vertu du premier pacte contre l'action qui compétait originairement au créancier. Voilà bien la même antithèse entre les expressions *ipso jure* et *exceptionis ope* que dans notre texte des Institutes.

(1) Loi XXVII, § 2, *de Pactis*, D. (2, 14).

Nous avons ainsi présenté la réfutation du système des illustres commentateurs Cujas et Pothier. Trompés par l'amphibologie des expressions de Justinien, ils ont imaginé une compensation légale, qui, outre qu'elle est contredite par un grand nombre de lois, engendrerait de grandes injustices. Il est regrettable que ce système, recueilli par les rédacteurs du Code Napoléon dans Pothier, ait passé dans l'article 1290 de notre Code. Nous verrons, en étudiant la compensation en droit français, les inconvénients qu'entraîne cette doctrine de la compensation légale, inconvénients qu'on aurait évités si l'on eût admis le système de la compensation judiciaire.

APPENDICE

—

COMPENSATION OPPOSÉE AU FISC.

En principe, la compensation peut être opposée au fisc (1), ou à une cité (*respublica*) (2).

Mais il faut, pour qu'elle soit admise, que le fisc, en tant que créancier et que débiteur d'une même personne, soit représenté par la même *statio* (de même, chez nous, il faut que l'État soit représenté par le même bureau).

La loi 3 au Code (h.t.) nous indique les cas exceptionnels où la compensation ne peut être opposée au fisc.

Elle n'a pas lieu quand on l'oppose:

1° *Ex Kalendario* (prêt à intérêt).

2° *Neque ex vectigalibus vel tributis* (en matière d'impôts).

3° *Neque ex frumenti vel olei publici pecunia.*

Mais sur ce point deux lois de notre titre, au Di-

(1) Loi XXVI, D. h. t.
(2) Loi III, *Code*, h. t.

geste, les lois 17 et 20 (h. t.) semblent se contredire. Dans la loi 17, le jurisconsulte Papinien admet la compensation quand un édile, chargé de distribuer au peuple des provisions, détourne à son profit personnel une partie de ces provisions, et est condamné. Cette condamnation se compensera avec ce qui sera dû à cet édile par le fisc. Dans la deuxième loi (loi 20), Papinien suppose qu'un *curator annonce* a été condamné pour spéculations coupables sur les provisions de l'armée pendant une expédition, et refuse la compensation en pareil cas. Mais cette contradiction n'est qu'apparente. Ces deux textes prévoient chacun une hypothèse différente comme nous l'enseigne Cujas (1). Il suffit en effet de remarquer que les deux magistrats ne sont pas les mêmes: la faute du dernier est évidemment plus grave, aussi le jurisconsulte lui refusait-il la compensation.

4° *Neque alimentorum* (sommes données aux pauvres.

5° *Neque ejus qui sumptibus statutis servit* (créances destinées à payer les fonctionnaires).

6° *Neque fideicommissi.* (fidéicommis fait à une cité).

7° Enfin la loi 43, § 5 (L. 49, T. 14, D.) nous présente une dernière exception en défendant la compensation entre une chose achetée à l'État et la créance qu'on peut avoir contre lui.

(1) CUJAS, *Observ.* 2, *C.* 23. M. DESJARDINS au contraire pense que dans la loi XVII il s'agit de largesses faites par le prince (ÉDULITAS), op. cit., p. 147.

Il nous reste à indiquer deux décisions données dans les lois 19 et 12 (h. t. D.). La loi 19 décide que la personne poursuivie par le fisc et qui est créancière d'un *servus publicus* peut opposer au fisc la compensation jusqu'à concurrence du pécule de cet esclave public. Enfin Ulpien, dans la loi 12, nous apprend que les créances du fisc, aussi bien que celles des autres personnes, sont régies par la constitution de *Septime Sévère* rappelée par la loi précédente (loi 18), d'après laquelle le cours des intérêts de deux dettes qui se compensent est imterrompu de plein droit du jour où elles ont coexisté. Cette décision est fondée sur une considération d'équité.

DE LA
COMPENSATION

DANS

L'ANCIEN DROIT FRANÇAIS

La législation des Romains ne devait pas disparaître avec leur domination. Quand le grand Empire fut tombé sous les coups des barbares, et que les vastes États qui avaient appartenu au Peuple-Roi furent la proie de ces hardis envahisseurs, l'antique esprit de Rome survécut chez les nations qui avaient jadis été ses provinces. Elles avaient été toutes, et surtout la Gaule, profondément pénétrées de cet esprit de civilisation, tant fut prompte à se faire l'assimilation du vaincu avec le vainqueur.

Quand les barbares se furent partagé les lambeaux de l'Empire des Césars, ils n'imposèrent aux peuples conquis ni leurs institutions ni leurs lois. Aussi, à l'origine, les lois sont-elles des statuts personnels: le Gallo-Romain était toujours jugé par la loi romaine alors même qu'il quittait le territoire gallo-romain ; le Burgonde était toujours soumis à la loi burgonde, même s'il allait se mêler aux Gallo-Romains. Le principe de la personnalité des lois prévalut donc tout d'abord (1). Les princes barbares, tout en promulguant des lois pour leurs sujets barbares, laissèrent aux Gallo-Romains le droit d'être jugés par la loi romaine ; ils prirent même la peine, du moins quelques-uns d'entre eux, de faire paraître un résumé du droit romain à l'usage de ceux qui devaient obéir à cette législation.

C'est ainsi qu'Alaric donna pour ses sujets romains le *Breviarium*, appelé aussi « *Lex romana Visigothorum*. » Dans cet ouvrage on trouve les Institutes de Gaïus, moins toutefois la partie historique qui est celle qui nous intéresse le plus aujourd'hui ; les Sentences de Paul, et un fragment de Papinien.

Les Gallo-Romains soumis aux Burgondes reçurent d'eux un Code romain appelé le Papien, dont le nom est pour nous un mystère.

Les doctrines romaines sur la compensation furent donc probablement suivies par les Gallo-Romains. Quant aux peuples barbares, ils avaient leurs lois propres : les Wisigoths avaient le *Forum judicum ;* les Burgondes étaient soumis à la *loi Gombette.*

Avec le temps une fusion s'opéra entre tous ces peuples divers : les lois, de personnelles qu'elles avaient été, devinrent territoriales. Le nord, qui avait

____

(1) Montesquieu, *Esprit des lois.* L. XXVIII, ch. II.

été plus profondément pénétré par l'invasion, fut régi par des coutumes ; le midi, qui s'en était moins ressenti, le fut par le droit romain. Ce grand changement se fit insensiblement ; mais il était consommé sous Charles le Chauve, dès le neuvième siècle, car nous voyons apparaître, dans un édit de ce prince rendu à Pistes, en 804, la distinction entre les pays de droit coutumier au nord de la Loire, et les pays de droit écrit au sud de ce fleuve. A côté, de ces deux législations différentes s'en éleva une troisième: le droit canonique composé des lois de l'Église.

Il serait superflu de parler des premières origines si confuses de notre droit, car dans les lois barbares nous ne trouvons rien de relatif à la compensation. Le droit des obligations, comme le remarque M. Guizot (1), n'arrive à son entier développement que lorsque l'ordre social s'est perfectionné.

Si les lois barbares ne nous offrent rien sur la compensation il n'en est pas de même du droit canonique ; ce droit, qui se ressentait de ses origines savantes, eut une grande autorité dans notre ancienne France. Dès le principe, l'Église s'était réservé la connaissance de certaines affaires qui, par leur nature, se liaient intimement à la religion: telles étaient les questions qui avaient trait au mariage et au serment. La compétence des tribunaux ecclésiastiques se forma ainsi *ratione materiæ*. Elle se développa aussi *ratione personæ* :

(1) M. Guizot, *hist. de la civilis. en France* (9e leçon).

ainsi, les évêques furent soustraits à la juridiction laïque pour certains cas ; les clercs défendeurs dans un procès ne furent soumis qu'à la juridiction ecclésiastique. Cette compétence s'accrût par l'accroissement que donna l'Église aux affaires qui lui étaient originairement soumises (1). Ainsi comme il était d'usage de sanctionner les contrats par un serment, toute la matière des obligations put être soumise à sa juridiction. Les justiciables y gagnèrent, car ils furent soustraits à cause de la procédure barbare et grossière des tribunaux laïques de l'époque féodale. Le clergé, pénétré des sentiments de l'équité et imbu des principes du droit romain, jugeait d'une manière bien plus éclairée que les justices féodales qui ne connaissaient guère que le droit de la force. Aussi était-ce un véritable avantage d'être soumis à la juridiction ecclésiastique. C'est l'Église qui, au moyen âge, admit la compensation et la reconvention alors que les cours laïques s'obstinaient à repousser ces institutions équitables.

Pour puiser quelques notions sur cette législation canonique, il nous faut remonter aux canonistes des XVI° et XVII° siècles. Leurs règles sont les mêmes que celles que l'Église avait observées pendant le moyen âge

Le droit canonique voit dans la compensation un paiement tacite qui s'opère de plein droit, pourvu que

(1) M. DE VALROGER à son cours.

les dettes soient liquides, et que l'objet de l'une d'elles ne vienne pas d'un dépôt (1).

Une question sur laquelle les canonistes et les jurisconsultes du droit civil furent loin de s'entendre était celle de savoir si la compensation devait être accordée à celui qui avait juré de payer. Les canonistes soutenaient la négative, car, disaient-ils, le serment est *stricti juris*. Dumoulin, au contraire, combat pour l'affirmative, car, dit-il, « le serment reçoit « toutes les conditions sous-entendues, et limitations « qui sont de la nature de l'acte à propos duquel il « est prêté (2) ».

Les canonistes admettent tous sans difficulté le droit qu'a chacun de retenir jusqu'au paiement ce qu'il doit à un tiers pour s'assurer de ce que ce tiers lui doit à lui-même, pourvu que la chose qui fait l'objet de ce droit de rétention ne lui ait pas été donnée en dépôt, et cela, alors même que cet objet dépasse la valeur que lui doit ce tiers, « car il est « permis à tout le monde de veiller à se rendre in- « demne (3) ».

Il existe une sorte de compensation appelée irrégulière (*injusta*). Elle consiste à prendre à son débiteur une chose qui lui appartient, afin d'être sûr

(1) On reconnaît le système de CUJAS, V. GRÉGOIRE IV, *Décret. de bonafide*, C. 2, de deposito.
(2) DUMOULIN, *De censive*. tit. II, p. 1.
(3) *Forum ecclesiast. a Petro Laurento.* L. III, t. II, *de solu.* p. 548.

d'obtenir son paiement. Les canonistes s'accordent tous à condamner une semblable manière de procéder. Quant à celui qui prend secrètement l'objet même que son débiteur lui doit, la plupart des auteurs sont d'avis qu'il agit contre la justice, car nul ne peut se faire justice à soi-même. Toutefois, cette compensation faite d'autorité privée était admise :

1° Si la dette était certaine, et qu'on n'eût aucune autre voie de recouvrer ce que l'autre détenait injustement et refusait de délivrer.

2° Lorsqu'il n'y avait pas à craindre que l'injuste détenteur restituât dans la suite au propriétaire la chose même ou sa valeur.

3° Si on ne faisait tort à personne, ce qui arriverait si on donnait lieu au possesseur d'accuser ou de soupçonner quelqu'un de lui avoir volé ce qu'on lui aurait ainsi pris (1).

Il est au contraire défendu, après que l'on est convenu de faire un certain travail pour un prix fixé, et que l'on s'aperçoit que l'on a demandé une somme plus faible que celle qui était due réellement, de prendre secrètement ce que l'on juge nécessaire pour parfaire la somme que, dans son appréciation on se serait cru en droit d'exiger. Un pareil acte est un vol comme l'a décidé le pape Innocent X en 1679.

Telles sont les principales difficultés qui s'étaient élevées sur la compensation. Ce fut seulement en droit

(1) Mgr Gousset, *Théol. morale*, t. II, n° 777, p. 368.

canonique qu'elle fut admise au moyen-âge, *æquitatis causa*, car le droit féodal la rejeta constamment : « compensation n'a pas lieu en cour laye (laïque) », disait-on. Les cours laïques étaient celles du roi et celles des seigneurs. Ceux-ci avaient en effet le droit de rendre la justice, droit qui était pour eux la source de grands profits. Les chartes d'immunité de l'époque franque leur avaient donné cette puissance au grand détriment du pouvoir royal. La royauté cependant sut peu à peu dominer les influences féodales. Les *cas* spéciaux, mal définis à dessein, qui, déjà dans les chartes d'immunité étaient réservés au roi et qui, pour cela, prirent le nom de *cas royaux*, ne firent que s'accroître, grâce à l'habile politique de nos rois. Saint Louis en augmenta le nombre qui, depuis prit un accroissement prodigieux. Cette réserve de certaines affaires à la justice royale venait de ce que toute justice émanait du roi : le prince était donc libre, en accordant à quelques personnes le droit de rendre la justice, de soustraire certains procès à leur juridiction pour se les réserver. C'est en vertu de ce principe que l'on finit par admettre la compensation malgré l'axiôme féodal : « compensation n'a pas lieu en cour laye », pourvu que l'on se fût muni de « *lettres royaux* ». Cette innovation eut lieu vers le XVI⁰ siècle.

On s'explique aisément pourquoi les seigneurs s'opposèrent à la possibilité de compenser devant leurs justices. La compensation était un moyen de

diminuer le nombre des procès, or il était au contraire de l'intérêt seigneurial d'en augmenter le
nombre, afin de grossir en même temps les profits
de justice, aussi cette salutaire institution ne put-elle
point s'établir. C'est le même motif qui donna naissance au «retrait de barre». C'était une procédure par
laquelle le justicier pouvait revendiquer, lorsqu'elles
étaient appelées devant une autre juridiction, les
causes qu'il avait le droit de juger (1).

Les *Assises de Jérusalem*, ce coutumier fameux
rédigé dans l'île de Chypre au XIII° siècle, par des
seigneurs français (3), est le texte le plus ancien qui
nous atteste cette impossibilité de compenser en cour
laïque (2). Il est probable que ce principe fut trans-
porté en Orient par les croisés. Après la prise de
Jérusalem, ce système féodal prit naissance dans ce
pays et se développa avec une rapidité extrême. La
Terre sainte fut divisée en seigneuries titrées de toute
sorte, à l'imitation de ce qui avait lieu chez les nations chrétiennes de ce temps. Avec la féodalité, tous
les usages féodaux furent transportés dans ce pays,
et, bien que les assises de Jérusalem aient été écrites
sous le ciel de l'Orient, il ne faut pas oublier que ce
livre est un Code donné par des seigneurs féodaux
Français à une contrée qu'ils avaient soumise. « Nous

(1) *Vinnius de jurid. C. X*, n° 3.
(2) *Recueil des histor. des Croisades. Lois I, t. II, p.* 49.
(3) M. DE VALROGER à son cours.

« y trouvons, suivant la parole d'un célèbre histo-
« rien (1), un tableau complet du régime féodal qui
« ne s'était encore résumé nulle part dans un grand
« monument législatif. » On y voit se refléter les
coutumes françaises de cette époque, aussi trouvons-
nous de précieuses révélations sur nos anciens usages,
alors que la stérilité des annales et des documents
de cette époque nous laissait sur bien des points dans
une grande ignorance. Il est donc probable que cette
défense de compenser que nous trouvons dans les
Assises n'est que la reproduction de ce qui avait lieu
dans notre pays.

Nos plus grands écrivains du XIII° siècle ne disent
pas un mot de la compensation. Toutefois Beaumanoir (2) et Pierre de Fontaines (3), en interdisant la
reconvention (4), semblent bien exclure aussi la compensation, à cause de la ressemblance qu'il y a entre
ces deux institutions.

A la fin du XIII° siècle, on voit un grand changement se produire. La découverte des *Pandectes* fit
une révolution dans la science du droit. On étudia
avec ardeur ces débris imposants de la civilisation

(1). M. Duruy, *Hist. du moyen âge.*
(2) Beaumanoir s'exprime ainsi : « *Reconvention ne quort
pas en cort laie* » (Cout. de Beauvoisis, ch. IX, n° 47, t. I, p. 176,
édit. de M. le comte Beugnot).
(3) Pierre de Fontaines (Conseils à un ami, ch. XXIX, n° 5).
(4) La reconvention est une demande incidente formée par
le défendeur devant le juge de la demande principale, afin de
l'anéantir ou de la restreindre.

romaine ; on se passionna pour ce droit si savant et si logique que l'on appela la raison écrite, et qui paraissait d'autant plus parfait qu'on ne pouvait le comparer qu'aux coutumes informes qui nous tenaient lieu de lois. Les légistes, gens profondément versés dans l'étude du droit romain, habitués à voir dans les lois de Rome les Empereurs avec toute leur omnipotence (1), firent du roi de France un Empereur sur son trône. La protection intéressée que leur accorda Philippe le Bel, activa cette renaissance du droit romain; aussi, en voyons-nous bientôt apparaître les fruits : Dans les « coutumes » *gées notoires au châtelet de* « *Paris* » (CXI), au commencement du XIV° siècle, on voit apparaître la compensation en cour laïque, pourvu toutefois qu'il s'agisse de deux dettes liquides : « Reconvention n'a pas lieu en cour, ne compensation, si ce n'est *de liquido ad liquidum* (2). » Et ceci venait de l'usage : « *Probata in turba*. »

Au XVI° siècle les « *lettres royaux* » permettent la compensation ainsi que l'atteste une note de Denys Godefroi, citée par Charondas, en marge du chapitre XLIV de la « *Somme rurale*, » de Bouteiller. L'art. 74 de l'ancienne coutume de Paris, rédigée en 1510, reproduit le passage des coutumes notoires du Châtelet déjà cité : « compensation a lieu d'une dette claire

----

(1) « *Quod principi placuit legis habet vigorem*. »
(2) Jean Desmares, *Décision*, 136.

« et liquide à une autre pareillement claire et liquide,
« non autrement (1). »

Peu à peu, les « *lettres royaux* », tombèrent en désuétude, d'abord devant les juridictions inférieures. Elles
ne furent plus dès lors nécessaires que devant les juridictions supérieures, et seulement lorsque les parties
n'étaient pas *ejusdem fori* (2).

L'art 105 de la nouvelle coutume de Paris, pose
en principe que : « compensation a lieu d'une dette
« claire et liquide à une autre dette pareillement
« claire et liquide (3). »

Néanmoins il semble que l'usage des « *lettres
royaux* » subsista pendant le XVII⁰ siècle, mais il finit
par disparaître, et les parties furent dispensées de cette
formalité dispendieuse (4). La loi du 7 septembre
1790 abolit les lettres de chancellerie, mais celles dont
on devait se munir pour pouvoir compenser avaient
déjà cessé d'exister.

La compensation fut toujours légale dans notre
ancien droit. Cujas qui l'assimilait au paiement, et
qui fondait son système sur les termes ambigus de la

(1) *Cout. d'Auvergne* (art. 60).
(2) CHARONDAS, *loc. cit.*
(3) *Les cout. de Reims* (art. 397) ; *de Bourbonnais* (art 37) ;
de la Marche (art. 100), etc. ; suivent cette doctrine. Celles de
Bourgogne, de Boulonnais, d'Anjou, de Berry, etc., sont
muettes. Enfin celles de Lille, de Tournay et de Bailleul in-
terdisent la compensation.
(4) FERRIÈRE *sur* BACQUET (*Tr. des dr. de justice*, C. VIII,
n° 12.

constitution de Justinien que nous avons déjà étudiée, fut cause probablement qu'on lui reconnût ce caractère dans notre droit, et la doctrine de cet illustre jurisconsulte, suivie par Domat et Pothier, devint celle du droit coutumier (et du droit canonique, comme nous l'avons vu); on reconnut donc à la compensation le caractère de légale, malgré l'obligationde recourir aux « *lettres royaux* (1). » Charondas contredit ici *Cujas*, mais il ne paraît pas que son opinion ait été suivie. La compensation avait donc lieu de plein droit, par la seule force de la loi, pourvu que les deux dettes fussent liquides, exigibles, et de choses fungibles entre elles. On en exceptait le cas de spoliation, de dépôt et de dette alimentaire.

Telles sont les vicissitudes que la compensation éprouva dans notre ancien droit. Malgré les obstacles que la féodalité y apporta, l'influence du droit canonique et la renaissance du droit romain en France finirent par l'introduire dans nos coutumes. Les interprètes des lois romaines, d'où cette institution dérive, lui attribuèrent un caractère que jamais elle n'avait eu dans ces lois ; les rédacteurs du Code Napoléon la trouvèrent ainsi établie quand ils eurent à donner une loi unique à la France ; ils s'en emparèrent, sans remonter à sa source, et sans s'assurer si la doctrine romaine n'avait pas été mal comprise (2).

(1) FERRIÈRE, *coul. de Paris*, art. 105.
(2) *Rapport de* M. BIGOT PRÉAMÉNEN au Corps législatif.

Aussi la compensation a-t-elle conservé chez nous le caractère que lui avaient donné nos anciens jurisconsultes.

Disons, en terminant, quelques mots de la *reconvention*, qui cependant sort de notre sujet. Les Romains n'ont pas connu le mot *reconventio*. Les textes (1) où il en est fait mention sont apocryphes ou interposés. Seulement ils eurent les *mutuæ petitiones* qui, inconnues sous le système des actions de la loi, prirent naissance sous le système formulaire, et firent de rapides progrès sous la procédure extraordinaire. Mais la *reconventio* a toujours été connue par l'Église (2), ainsi que l'atteste un passage de saint Grégoire de Tours (3), les monuments du droit canonique, et certains passages des auteurs laïques (4). Elle s'introduisit dans notre législation grâce à ce droit canonique si savant, et que M. de Savigny n'a pas hésité à reconnaître, en certains points, supérieur au droit romain lui-même.

L'Église admit donc la reconvention, non-seulement *ex pari causa*, mais encore *ex dispari causa* (5).

---

(1) *Novelle* 95, et loi V, *C. de fructibus*. On a contesté l'authenticité de cette novelle ; quant à la loi V, elle a été restituée par CUJAS.

(2) M. DESJARDINS, *op. cit.*

(3) GRÉG. TURON, L. X, ch. XVI.

(4) BEAUMANOIR, *Cout. de Beauvoisis*, ch. XI, 47 : « Une « coustume queurt en le cort de crestienté, qui ne queurt pas en « cort laie. »

(5) M. DE VALROGER à son cours.

Mais cette institution ne fut admise qu'assez tard dans le droit civil. Les coutumes la repoussèrent plus rigoureusement encore que la compensation ; elles l'interdirent complétement jusqu'au XVIᵉ siècle (1). Ce n'est qu'à cette époque seulement qu'elle apparaît dans certaines de nos coutumes. La coutume de Paris (nouvelle rédaction) est de ce nombre (art. 106).

« Reconvention en cour laye n'a lieu *si elle ne dépend*
« *de l'action* et que la demande en reconvention soit
« la défense contre l'action premièrement intentée, et
« en ce cas le défendeur par le moyen de ses défenses,
« se peut constituer demandeur. »

Il semblerait donc qu'il était nécessaire qu'il y eût connexité entre la première demande et la demande reconventionnelle, (de même, certaines coutumes semblaient exiger que les parties fussent *ejusdem fori*). Mais, dans la pratique, on s'efforça de l'affranchir de ces restrictions, puisque Ferrière (art. 106) se plaint de cette tendance, et que Lecamus (notes sur Ferrière) ne craignit pas de dire que, l'usage ayant prévalu sur la disposition de la coutume, « *on avait admis la* « *reconvention en toutes sortes de causes.* »

(1) Cette interdiction de la reconvention était fondée sur le motif que cette institution aurait pu causer préjudice à un justicier en lui enlevant une affaire dont il aurait dû avoir connaissance (CHARONDAS *sur l'art.* 103).

DE LA COMPENSATION

SOUS L'EMPIRE

DU CODE NAPOLÉON

—

La compensation, sous l'empire du Code Napoléon, est légale (art. 1290), c'est-à-dire qu'elle s'opère *de plein droit*, par la seule force de la loi, « même à l'insu des débiteurs. » Nous venons de voir à quelles sources les rédacteurs du Code ont puisé pour lui donner ce caractère.

La loi s'occupe de notre matière dans la section IV du chapitre V (Liv 3, tit. 2); mais elle ne veut ici parler que de la compensation légale. Elle n'entend pas cependant enlever aux parties le droit de recourir à une compensation judiciaire, ou à une compensation *conventionnelle,* comme nous le verrons. Pour suivre un ordre logique dans notre étude, nous parlerons d'abord de la compensation légale, et des conditions auxquelles son existence est subordonnée. Nous étudierons ensuite comment elle s'opère, quels sont ses effets, comment on y renonce, et nous nous occuperons, en terminant, de la compensation judiciaire et de la compensation conventionnelle.

CHAPITRE I

I. — Compensation légale

Pour qu'il y ait lieu à compensation légale, le concours de cinq conditions est nécessaire. Il faut :

1° Que les deux dettes soient de choses fongibles entres elles ;

2° Qu'elles soient liquides ;

3° Qu'elles soient exigibles ;

4° Que chaque partie soit personnellement et principalement créancière et débitrice de l'autre ;

5° Que les deux dettes ou l'une d'elles ne fassent pas partie de celles exceptées par la loi. Nous allons étudier successivement ces cinq conditions.

§ 1. — *Fongibilité des deux dettes.*

Art. 1291. 1° « La compensation n'a lieu qu'entre « dettes qui ont également pour objet une somme « d'argent ou une certaine quantité de choses fon- « gibles de la même espèce, et qui sont également « liquides et exigibles. »

Aux yeux du législateur, la compensation est un paiement abrégé. Il s'ensuit que, de même que l'on ne peut contraindre son créancier à recevoir en paiement autre chose que ce qui lui est dû (1243), de même on ne peut compenser que ce qui pourrait être donné en paiement. Or, si la compensation pouvait avoir lieu entre les dettes de corps certains, ou entre une dette de corps certain et une dette de somme d'argent, outre que le principe de l'art. 1243 ne serait pas respecté, il en résulterait la plupart du temps des ventes et des échanges faits contre le gré des parties, tandis que tout contrat nécessite l'accord des volontés. Si j'ai stipulé de vous un cheval et que je vienne à vous devoir un bœuf, il serait injuste que ces deux dettes puissent s'éteindre jusqu'à due concurrence par la compensation, car ce serait nous contraindre l'une et l'autre à recevoir autre chose que ce que nous avons eu en vue d'obtenir.

Quand, au contraire, l'objet des deux dettes est une somme d'argent, ou des choses fongibles entre elles, c'est-à-dire pouvant exactement se remplacer mutuellement, l'objet de l'une d'elles peut évidemment servir au paiement de l'autre. Ainsi, une dette de blé se compensera parfaitement avec une autre dette de blé de la même nature, qualité et bonté. Remarquons bien qu'il ne suffit pas que ces deux choses, objet des deux dettes soient *fongibles*; il faut qu'elles le soient *entre elles*. Ainsi une dette de blé ne se compenserait pas avec une autre dette ayant pour objet un certain nombre d'exemplaires de tel ouvrage, bien que l'objet de chacune des deux dettes, pris séparément, soit une chose fongible. En pareil cas, ces choses ne se remplacent pas mutuellement, car elles ne remplissent pas le même but. Les sommes d'argent sont en général des choses éminemment fongibles entre elles ; voilà pourquoi notre article en parle en première ligne. Mais il peut arriver qu'une somme d'argent soit un corps certain. Ainsi, si Paul dont j'ai hérité vous a légué un sac d'argent contenant 100 pièces d'or de 20 fr. de tel millésime, et que vous soyez mon débiteur d'une somme de 2,000 fr., je ne pourrai vous opposer la compensation, car la condition de fongibilité fait ici défaut.

De même la compensation n'aurait pas lieu dans le cas où l'une des parties, devant à l'autre un cheval *in genere*, cette autre lui devrait tel cheval déterminé, car ici, il n'est point indifférent pour l'un des créanciers que la compensation ne s'opère pas.

Les choses qui sont fongibles entre elles peuvent n'être pas fongibles dans le sens vulgaire du mot. Ainsi vous me devez 100 hectares de terre à prendre dans tel canton de l'Algérie, et je deviens votre débiteur d'un certain nombre d'hectares de terre situé au même endroit ; il peut y avoir compensation, car dans ce cas, les terres sont choses fongibles entre elles, bien qu'ordinairement les immeubles ne soient pas rangés dans la catégorie des choses « *quœ pondere, numero, mensurave constant.* » C'est que la fongibilité résulte de l'intention des parties. Or, il est bien certain que quand j'ai stipulé 100 hectares de terre à prendre dans tel canton de l'Algérie, je les ai stipulés *in genere*, sans avoir l'intention de les obtenir dans telle partie de ce canton plutôt que dans telle autre (1).

Si l'une des deux parties doit alternativement (1189) une chose fongible et une chose qui n'a pas ce caractère, la compensation sera impossible, car si l'on décidait que les deux dettes sont éteintes par compensation, on empêcherait le débiteur de la dette alternative de faire le choix que son obligation lui permet de faire (2). On le forcerait ainsi à donner autre chose que ce qu'il aurait pu choisir. Une telle décision serait contraire à l'art. 1190 et au principe qui sert de base à la première condition de la compensation : à l'intérêt commun des parties.

Il en serait autrement en cas de dette facultative : en pareil cas, en effet, une seule chose est *in obligatione;* l'autre n'est que *in facultate solutionis.* La compensation pourra donc avoir lieu, si la chose qui est *in obligatione* est fongible avec celle qui fait l'objet de la dette de l'autre partie, et que l'échéance arrive sans que le créancier qui a la faculté d'opter ait fait connaître sa volonté.

Le deuxième alinéa de l'art. 1291 s'exprime

(1) POTHIER, *Tr. des oblig.*, t. II, n° 588, *in fine.*
(2) MARCADÉ, t. IV, n° 818.

ainsi . « Les prestations en grains ou denrées, non
« contestées, et dont le prix est réglé par les mercu-
« riales, peuvent se compenser avec des sommes
« liquides et exigibles (1). » C'est là une exception à
la règle que les choses doivent être *fungibles entre
elles*, car on permet la compensation entre les dettes
de denrées d'une part, et d'argent, d'autre part.
Cette dérogation se justifie parce que le créancier n'a
pas grand intérêt à recevoir de l'argent plutôt que des
grains, etc., et réciproquement : il lui sera facile de
les transformer à son gré en l'une ou l'autre valeur.
Mais pour que cet effet puisse se produire, il faut,
nous dit la loi, que le prix des denrées qui sont dues
soit fixé par les mercuriales, et que cette dette ne soit
pas contestable. Le texte dit « *non contestées;* » c'est
une erreur de rédaction, tel n'est pas évidemment ce
sens de la loi. Il est bien clair qu'il ne suffirait pas
que l'adversaire contestât la dette pour que la compensation ne puisse se produire! Le juge n'intervien-
dra que pour constater la compensation, si la contestation n'est pas sérieuse. Les rédacteurs ont employé
une expression défectueuse; ils ne pouvaient pas
mettre : « les prestations en grains et denrées *liquides* » car ce mot « *liquides* » eût été amphibolo-
gique. Pour éviter cette amphibologie, ils ont dit :
« *non contestées* » mais, évidemment, c'était « *non
contestables* » qu'ils avaient dans la pensée (2).

(1) Fenet, t. XIII, p. 436.
(2) M. Valette à son cours.

Quelques auteurs ont étendu d'une façon qui nous semble exagérée la deuxième partie de l'art. 1291. Tandis que les termes mêmes de la loi n'autorisent la compensation qu'entre une dette de denrées non contestable d'une part, et une dette d'argent liquide et exigible d'autre part, ils ont avancé que cet article permet aussi la compensation entre deux dettes de denrées dont les mercuriales auront déterminé le prix. Ils basent leur opinion sur ce motif que, par cela seul que les deux espèces de denrées pourraient, chacune de leur côté, se compenser avec une dette de somme d'argent, elles peuvent aussi se compenser entre elles : « Si A égale B, et que S égale aussi B, il est bien « clair que A égale S. » *Quæ sunt eadem uni tertio eadem sunt inter se* (1).

Nous pensons cependant que l'art. 1291 2o doit être entendu restrictivement, et que cet argument mathématique qui aurait une grande valeur s'il rentrait dans le droit commun n'en a aucune dans le cas qui nous occupe, attendu qu'il tend à élargir une exception contenue dans notre texte. Nous sommes ici dans une matière d'exception, et l'on ne doit pas oublier que les exceptions « *sunt strictissimæ inter-pretationis.* » En décidant ainsi nous restons dans les termes de la loi, et nous ne sortons de la règle

______

(1) MARCADÉ, t. IV, n° 820.

posée par elle qu'autant qu'elle y a formellement dé-rogé (1).

Cette compensation dont parle l'art. 1291 2°, est une compensation légale. Il ne faudrait pas y voir l'indication d'une compensation judiciaire en s'appuyant sur ces expressions du texte : « *peuvent se compenser*». Cela signifie seulement qu'en pareil cas il y a lieu à compensation et que le caractère de cette dette de grains etc. ne s'oppose pas à la compensation légale.

Notre second alinéa de l'art. 1291 ne doit pas être interprété dans toute sa rigueur, car on arriverait à un résultat absurde. Il ne conduirait à rien moins qu'à rendre impossible toute vente de denrées dont les prix seraient fixés par les mercuriales ; car, dirait-on, en pareil cas, il y a dette d'argent d'une part (du côté de l'acheteur) ; et dette de denrées d'autre part (du côté du vendeur) (2). La compensation les éteint donc toutes les deux. Ce serait méconnaître l'équité et l'idée fondamentale de la compensation qui est l'intention présumée des parties : on ne peut supposer raisonnablement que lorsque deux personnes font un marché elles désirent le mettre de suite à néant.— Il faut donc ajouter au texte ces mots : La compensa-

(1) M. VALETTE à son cours. MM. DALLOZ, V° *oblig.* p. 621 n° 8. — ZACHARIÆ, t. II, p. 407.

(2) Les ventes de choses *in genere* ne transfèrent pas la propriété ; elles ne créent que des droits de créance.

tion sera impossible quand l'une des dettes servira de cause à l'autre.

L'art. 129 Code procédure semble déroger aux principes du Code Napoléon. « Les jugements qui condam- « neront à une restitution de fruits ordonneront qu'elle « sera faite *en nature* pour la dernière année, et, pour « les années précédentes, suivant les mercuriales du « marché le plus voisin,.... sinon, à dire d'experts à « défaut de mercuriales. »

MM. Toullier et Duranton (1) pensent que le Code de procédure, exigeant une restitution de fruits en nature pour la dernière année, alors même que ces fruits seraient des grains ou des denrées dont le prix serait réglé par ces mercuriales, il ne pourrait jamais y avoir compensation en pareil cas.

Toullier étendait même cette décision à tous les jugements condamnant à payer des prestations de pareils fruits, dont plusieurs années seraient dues. Cette dernière opinion sort évidemment des termes de l'art. 129 Code procédure, puisque ce texte ne vise que les jugements « condamnant à une *restitution* de fruits. »

Pour nous, nous irons jusqu'à combattre la première opinion, et à soutenir que, même en cas d'un jugement condamnant à une restitution de fruits, cotés aux mercuriales, la compensation sera possible pour *toutes les années* qui pourront être dues, car si l'art.

(1) Toullier, t. VII, n° 367. — Duranton, t. XII, p. 390-391.

129 Code Procédure exige une restitution en nature des prestations de la dernière année, il n'a pas voulu par là exclure la compensation. Il ne s'occupe que d'indiquer comment le paiement d'une semblable dette s'effectuera, mais il est clair qu'il n'y a lieu à paiement que si l'obligation existe encore, et n'est point éteinte par un des modes quelconques dont parle l'art. 1234. Or la compensation est un de ces modes. Les art. 129 Code procédure et 1291 Code Napoléon ne se contredisent donc en aucune façon, seulement, comme chacun pose une règle différente il n'y a dans l'un d'eux aucune dérogation à la règle posée par l'autre (1).

§ II. — *Liquidité des deux dettes.*

Pour que la compensation puisse s'opérer, il faut que les deux dettes soient liquides, c'est-à-dire que leur chiffre s'aperçoive clairement. Elles seraient liquides alors même que les parties ignoreraient ce qui serait dû. Pothier (2) cependant semble dire qu'il est nécessaire que les parties sachent parfaitement ce qu'elles doivent. C'est une erreur : il suffit que l'on voie sans difficulté, à la seule inspection du titre, ce qui est dû.

On doit apercevoir de suite : « *quid, quan-*

______

(1) *Cassat.* 24 *fév.* 1852, *Dev.* 53, 1, 159. — DALLOZ, 52, 1, 45.

(2) POTHIER, *Tr. des oblig.*, t. II, n° 592.

(3) *Rapport du tribun* JAUBERT LOCRÉ, t. XII, p. 484.

« *tum, quale debeatur.* » Ce point fut admis au Conseil d'État malgré les observations de Malleville qui voulait que l'on suivît le droit romain et Dumoulin, d'après lesquels la compensation pouvait avoir lieu entre créances *faciles à liquider.* Mais Bigot-Préaméneu et Treilhard ayant fait observer que le principe de la compensation légale établi par l'art. 1290 s'opposait à l'admission de cet amendement, l'opinion de Malleville resta isolée, et fut définitivement abandonnée.

La dette doit être incontestable; mais il ne suffirait pas d'une contestation quelconque pour empêcher sa liquidité : les juges apprécieront si cette contestation est sérieuse.

Si elle est mal fondée, le tribunal, en rejetant la demande, constatera la liquidité de la dette et, partant, reconnaîtra qu'il y a lieu à la compensation légale, si du reste les autres conditions nécessaires à cette compensation ne font pas défaut.

Il semble illogique d'exiger la condition de liquidité dans une législation où la compensation a lieu de plein droit. Car si une dette, même ignorée des parties, se trouve éteinte par compensation, à leur insu quelquefois, comment peut-on dire qu'il en sera autrement parce que la dette ne sera pas liquide (1)? Peut être est-ce parce que la compensation d'une semblable dette, pouvant donner lieu à

(1) M. Fréd. DURANTON, op. cit., p. 866.

des contestations le paiement de la dette liquide, se trouverait ainsi retardé jusqu'à a liquidation de la dette à laquelle cette qualité ferait défaut. une créance pure et simple pourrait ainsi dégénérer en unecréance à terme. Le créancier de la dette liquide verrait alors reculer l'époque de son paiement, sous prétexte que son débiteur est peut-être en même temps son créancier.

On peut dire encore, pour expliquer la décision de la loi, que la compensation ayant été assimilée par elle au paiement, elle n'a pu avoir lieu que quand le paiement pourrait être exigé (1). Mais tout cela n'empêche pas que le défendeur, s'il veut payer les plus tard possible, et malgré cette condition de liquidité, pourra introduire nue demanda reconventionnelle afin d'arriver à une compensation judiciaire. Quoi qu'il en soit, telle est la décision de la loi. Seulement, si les juges voyaient dans la demande en liquidation du défendeur une fraude, afin de gagner du temps, ils pourraient la rejeter *de pleno* et statuer sur la première demande. Nous reviendrons sur ce point.

Nous disons *demande*, car il a été jugé qu'une simple exception à l'effet de liquider une créance non liquide ne constitue pas une demande reconventionnelle (2).

Il ne suffit pas, pour qu'il y ait liquidité, que les deux dettes soient certaines ; il faut encore que l'on

(1) M. Desjardins, op. cit, p. 396.
(2) *Cassat.*, 1er juin 51, *Dev.* 51, 1, 740.

connaisse le *quantum* de chacune d'elles ; c'est ce que Pothier exprime en ces termes (1) : « Quand « même il serait constant qu'il est dû, tant qu'il n'est « pas constant combien il est dû, et que la liquidation «. dépend d'un compte pour lequel il faille une longue « discussion, la dette n'est pas liquide, et ne peut « être opposée en compensation. » Si donc la créance ne peut être établie qu'après un compte, il n'y aurait pas lieu à la compensation ; telles sont les dettes résultant de la gestion d'une tutelle, etc. Il en serait autrement .s'il suffisait d'une simple opération d'arithmétique pour en fixer le montant, car alors il n'y a lieu à aucune discussion (2).

La compensation serait impossible dans un compte courant entre les versements réciproques dont l'ensemble compose le compte ; chaque dette demeurera au compte pour produire des intérêts, car, comme le dit M. Larombière (3) : « Il n'y a qu'un « compte courant toujours ouvert et dans lequel tout « se confond. Il n'y aura de liquidité et d'exigibilité « qu'après le règlement définitif, et encore ne s'ap- « pliqueront-elles qu'au solde de compte. »

Une petite dérogation a été apportée par l'article 1296 du Code Napoléon au principe de la liquidité des deux dettes : « Lorsque les deux dettes ne sont

(1) Pothier, loc. cit., p. 306.
(2) *Cour de Bruxelles*, 19 *therm. an IX, Cass.* 22 août 65, *Dev.* 1865, I, 358.
(3) Larombière, *Tr. des oblig.*, art. 1291, n° 19.

« pas payables au même lieu, on n'en peut opposer
« la compensation qu'en faisant raison des frais de
« la remise. »

Si donc les deux dettes ne sont pas payables au
même lieu, il se peut que les cours du change ne soit
pas le même dans les deux localités. Ces dettes ne
seront donc pas à vrai dire liquides, puisqu'il y aura
une petite opération à faire pour voir à combien
s'élève chacune d'elles. Néanmoins la loi n'a pas
considéré cela comme suffisant pour faire obstacle à
la compensation et empêcher la liquidité.

La Cour de cassation abandonne à l'appréciation
souveraine des tribunaux la condition de liquidité les
deux dettes quand il suffit des faits de la cause pour
la reconnaître. Mais si la liquidité a pour base un
poin tde droit, les décision des juges sont soumises à
l'appréciation supérieure de cette Cour suprême (1).

§ III. — *Exigibilité des deux dettes.*

Il faut que les deux dettes soient exigibles. Telle
est la troisième condition sans laquelle il n'y a pas de
compensation légale possible. Il s'ensuit que les dettes
dont le paiement ne peut être actuellement exigé n'ont
pas les qualités voulues pour la compensation. Cela
comprend les obligations *à terme*. On dit quelquefois

(1) *Cassat.* 29 mai 1841, *I. du Pal.*, t. I, p. 140 (1841).

d'une façon bien absolue : « qui a terme ne doit rien; » cela signifie seulement que le créancier ne pourrait rien exiger jusqu'au terme. Si je dois 100 à Pierre, mais que l'échéance de cette date ne doive arriver que dans un an, et si ce même Pierre devient mon débiteur de 100 payables de suite, il serait injuste que nos deux dettes se trouvassent éteintes, car je serais ainsi forcé de faire un paiement immédiat, tandis que d'après notre convention, je n'aurais pu être contraint de payer que dans une année. Ceci est pour le terme de droit. Quant au terme de grâce, on comprend qu'il en doit être tout différemment. « Le terme de grâce « n'est point un obstacle à la compensation, » nous dit l'article 1292 du Code Napoléon. Il est bien juste que celui qui a obtenu de l'humanité des juges un terme pour s'acquitter, et cela uniquement parce qu'il ne pouvait en aucune manière payer son créancier de suite, cesse d'avoir droit à cette faveur s'il lui est possible de se libérer facilement ; or, ici, il y a une manière tout simple de le faire : il suffit de laisser la compensation se produire.

Les obligations sous condition suspensive ne peuvent entrer en compensation, car, tandis que dans les obligations à terme c'est seulement l'*exigibilité*, dans les obligations conditionnelles c'est l'*existence* même qui se trouve suspendue. Quant aux obligations soumises à une condition résolutoire, la compensation s'opère parfaitement entre la dette pure et simple et la dette conditionnelle, sauf au créancier de la dette pure et simple à agir contre son débiteur, créancier de l'autre dette, si la condition à laquelle cette dette était subordonnée vient à défaillir. Car, la condition ayant un effet rétroactif, les choses sont remises dans le même état que si l'obligation soumise à la condition résolutoire n'avait pas existé (1183) (1).

Que décider si l'une des dettes est au nombre de celles pour lesquelles la loi ne donne pas d'action : par exemple si l'une d'elles est née d'une obligation naturelle? Il faut d'abord exclure de la question les obligations naturelles dont parlent les art. 203 à 205 et l'art. 249 du Code Napoléon (2). Il s'agit ici des obligations qui ne donnent pas d'action au créancier et dont parle l'art. 1235 de ce Code. Ces obligations n'ont pas d'existence en droit civil, en ce sens que le créancier ne peut réclamer ce qui lui est dû en vertu d'une semblable obligation. Mais elles ont cet effet que, une fois exécutées volontairement, le débiteur ne peut pas plus répéter que quand il a payé en vertu d'une obligation existant pleinement en droit civil. Quand nous parlons d'obligation naturelle, nous voulons indiquer une obligation de conscience, non pas de ces obligations qui reposent sur un devoir général de conscience, telle que serait, par exemple, celle de faire l'aumône, mais sur un devoir de conscience existant

____

(1) M. Duranton, t. XII, n° 104. — Toullier, t. VII, n° 374, Cassat 24 juin 1846, Dev. 47. I, 562.

(2) Ces obligations sont en effet munies d'une sanction civile.

à l'égard d'une personne déterminée, envers laquelle,
à raison de certains faits, nous nous trouvons mora-
lement obligés (1). La dette de jeu n'est pas, à proprement parler, une obligation naturelle. Si l'art.
1967 dispose que, quand cette dette a été volontairement acquittée, il n'y a pas lieu à répétition, ce n'est
pas que la loi y voie une véritable obligation naturelle.
C'est, comme le fait remarquer M. Valette, que le
Code a voulu faire une transaction avec les mœurs,
et tolérer ce qu'il ne pouvait empêcher. Le législateur
a dit : Nous ne voulons pas nous occuper de ces
choses ; qu'on ne vienne pas nous en parler, nous
n'écouterions ni l'un ni l'autre des joueurs ; ni celui qui
voudrait obtenir répétition, ni celui qui viendrait
réclamer son paiement. « *In pari turpitudine versan-
tur* », pourrait-on dire si l'on ne craignait d'être
exagéré. Le paiement fait par celui des deux qui a
perdu fait présumer que la dette était modérée.

La preuve qu'il ne faut pas voir là une obligation
naturelle proprement dite, c'est que la dette de jeu
ne peut être cautionnée (la loi n'accordant *aucune
action* à cet égard) (1965), tandis que la dette naturelle peut l'être (2012).

Il faut, bien entendu, excepter de tout ce que nous
venons de dire, certaines dettes de jeu, dont parle
l'art. 1966.

Ceci posé, admettrons-nous la possibilité de com-

(1) M. **Valette**, loc. cit.

penser une dette naturelle ? Nous avons vu, en droit romain, qu'il ne faut pas prendre trop à la lettre le texte de la loi 6 *de Comp.* (H. T. D.) écrite pour les *pacta nuda* ; nous avons fait quelque exception à ce principe : « *Etiam quod natura debetur venit in* « *compensationem* », car il était admis que, lorsque le débiteur pouvait opposer une exception péremptoire, la compensation était impossible, le débiteur ne pouvant être contraint au paiement.

Chez nous, il faut suivre dans tous les cas cette dernière décision, car la compensation étant assimilée au paiement, nul ne pourra être forcé de compenser, s'il ne pourrait l'être de payer ; et, comme il résulte de l'art. 1235 du Code Napoléon, qu'il n'est donné aucune action pour obtenir paiement d'une obligation naturelle, ce qui sera dû en vertu d'une pareille obligation ne pourra pas entrer en compensation. Il en sera de même *a fortiori* des dettes de jeu, en vertu de l'art. 1965 du C. N.

Une difficulté peut s'élever à l'égard du failli auquel ses créanciers ont accordé un concordat. Lorsqu'il a payé le dividende qu'il a promis, les créanciers ne peuvent le poursuivre pour qu'il complète le paiement de ce qu'il leur devait, alors même qu'il reviendrait à meilleure fortune ; mais, s'il paie ce complément, il ne pourra ensuite répéter. En apparence, l'obligation où se trouve le failli de payer le surplus du dividende moyennant lequel le concordat lui est accordé, est une obligation naturelle. Mais elle en diffère en ce que cette obligation est sanctionnée par une disposition de la loi civile : le failli ne peut en effet être réhabilité que s'il paie la totalité de ses dettes, principal, intérêts et frais (604 C. c.).

Cette sanction législative, résultant de la réhabilitation qui lui est refusée s'il ne s'acquitte pas entièrement, suffit pour ôter à cette obligation le caractère d'obligation naturelle ou au moins pour lui donner une nature toute spéciale (1). Néanmoins, il faut décider que cette dette, comme une vraie dette naturelle, ne pourra entrer en compensation, car le créancier ne peut forcer le failli de mériter sa réhabilitation : il ne peut le contraindre à payer ce complément, donc la compensation doit être interdite.

La faillite faisant perdre le bénéfice du terme (444 C. c.), et rendant toutes les dettes du failli exigibles, il semble qu'on devrait dire qu'une dette due par le failli, à terme, devrait se compenser avec une dette pure et simple dont son propre créancier serait tenu envers lui. Mais ce serait méconnaître l'esprit de la loi des faillites : il est de principe, en cette matière, que l'égalité doit régner entre tous les créanciers chyrographaires du failli ; chacun doit donc être payé au marc le franc. Si donc il pouvait y avoir une compensation entière, (jusqu'à due concurrence des deux dettes), au profit de l'un deux, il serait intégralement payé de sa créance, au lieu d'avoir un dividende égal

(1) M. Valette, loc. cit. — M. Desjardins, op. cit.

à celui des autres créanciers. Donc malgré l'exigibilité résultant de la faillite, ici encore, pas de compensation : autrement on créerait un privilége qui n'est pas inscrit dans la loi (1).

Cette solution s'applique aussi bien aux dettes commerciales qu'aux dettes non commerciales : avant l'année 1838, ce point avait été controversé, mais l'art. 446 C. c. dans sa nouvelle rédaction, ne laisse aucun doute à cet égard : « sont nuls et sans « effet relativement à la masse, lorsqu'ils auront « été faits par le débiteur depuis l'époque déterminée « par le tribunal comme étant celle de la cessation « de ses paiements, ou dans les dix jours qui auront « précédé cette époque, ... tous paiements soit « en espèces, soit par transport, vente, *compensa-* « *tion* ou autrement, *pour dettes non échues,* et pour « dettes échues tous paiements faits autrement qu'en « espèces ou effets de commerce. » Nous reviendrons du reste sur cet art. 446, et nous verrons comment il faut entendre le mot compensation qui s'y trouve. Constatons seulement ici que l'art. 446 ne distingue pas entre les dettes commerciales ou civiles.

Ce n'est pas seulement la faillite qui fait déchoir le débiteur du bénéfice du terme. L'art. 1188 C N. décide que le débiteur éprouvera cette déchéance s'il a, par son fait, diminué les suretés qu'il avait

(1) AGEN, 3 *janv.* 1860, *Dev.* II, 1860, II, 140. — *Cassat.,* 9 *juillet* 1860, DALLOZ, I, 308. — MARCADÉ, t. IV, art. 1291.

données à son créancier. Il en est de même quand le débiteur est tombé en déconfiture (1913) (1). Dans ces deux cas la compensation ne peut se produire sans qu'un jugement soit intervenu ; car la mauvaise foi du débiteur qui a diminué les sûretés fournies au créancier, ou la déconfiture de ce débiteur doivent être constatées par une décision judiciaire : la déconfiture n'est pas un état apparent, et se montrant de lui-même, et la diminution des sûretés peut donner lieu à une instruction (2). Mais si le débiteur n'élevait une contestation que pour gagner du temps, « la compensation devrait avoir lieu comme dans le « cas où il élèverait, soit sur l'existence, soit sur la « liquidité de la dette, un débat qui n'aurait rien de « sérieux (3). »

On peut se demander si les obligations sujettes à annulation ou à rescision peuvent entrer en compensation ? Cette question nous semble n'avoir qu'un intérêt théorique. Elle revient à se demander si ces obligations sont exigibles : Or la loi n'entend par dette exigible que celle dont le paiement peut être efficacement exigé, et à laquelle le débiteur ne peut opposer d'exception péremptoire (4). A Rome il en

(1) La déconfiture est l'état d'un non-commerçant dont le passif dépasse l'actif.

(2) M. DURANTON, t. XII, p. 411.

(3) M. DESJARDINS, op. cit., p. 105. M. LAROMBIÈRE, op. cit art. 1291, n° 4.

(4) Loi XIV, h. t. D.

était ainsi déjà ; ces sortes d'obligations ne pouvaient entrer en compensation : « Quæcumque per excep- « tionem perimi possunt, in compensationem non « veniunt (1). » Rien n'indique que le Code se soit écarté de ces principes.

Mais, au fond, quant au résultat pratique, il sera le même soit que l'on suive l'une ou l'autre des deux opinions qui ont été enseignées sur ce point, soit que l'on dise avec nos adversaires : la compensation *a eu lieu* en principe ; seulement elle sera effacée rétroactivement si l'annulation ou la rescision a été demandée et obtenue ; ou bien soit que l'on dise avec nous : la compensation *n'a pas pu se produire*, mais si le débiteur de la dette annulable ou rescindable ne l'a pas fait annuler ou rescinder cette obligation subsiste.

Le résultat, nous disons, sera le même. En effet, si la nullité ou la rescision a été demandée et obtenue, l'obligation annulable ou rescindable sera réputée n'avoir jamais existé, dès lors l'autre obligation subsiste et doit être acquittée avec les intérêts qu'elle a produits.

Si cette nullité ou cette rescision n'a pas été demandée, l'obligation annulable ou rescindable se trouvant considérée comme valable *ab initio*, peu importe qu'on dise qu'il n'y a jamais eu compensation ou qu'elle s'est produite, car si le débiteur de cette

(1) Marcdaé, t. IV, n° 826.

obligation ne la compense pas, il faudra qu'il la paie, avec ses intérêts, à compter du jour où elle a pris naissance.

Une autre conséquence de la règle que les créances exigibles entrent seules en compensation, c'est que les créances éventuelles ne peuvent être compensées. Telles seraient celles qui devraient naître en vertu d'un jugement (1).

Le capital des rentes perpétuelles ne peut être compensé légalement, car le créancier ne peut exiger le remboursement que dans les cas fixés par la loi (1912-1913), et si le débiteur offrait de le faire entrer en compensation, ce serait alors une compensation facultative plutôt qu'une compensation s'opérant de plein droit. Quant aux rentes viagères, comme la loi les a déclarées non rachetables (1978-1979), le débiteur ne peut faire entrer en compensation le capital d'une telle rente, et le créancier n'a pas non plus ce pouvoir.

§ IV.— *Chaque partie doit être personnellement et principalement créancière et débitrice de l'autre.*

Cette condition était déjà nécessaire en droit romain. Ainsi un pupille est créancier de *Primus,* et *Primus* créancier du tuteur de ce pupille, la compensation ne se produira pas, car chaque partie n'est pas person-

(1) *Cassat.* 7 *nov.* 1836, 7 des P. 1836.

457   8

nellement et principalement débitrice et créancière l'une de l'autre.

L'art. 1294 nous apprend à ce sujet que: « La cau- « tion peut opposer la compensation de ce que le « créancier doit au débiteur principal, mais que le dé- « biteur principal ne peut opposer la compensation « de ce que le créancier doit à la caution.» La com- pensation est un résultat que les débiteurs auraient opéré eux-mêmes; or quand elle a lieu entre le créan- cier et la caution, le débiteur ne peut s'en prévaloir, car alors ce serait vouloir que la caution paie pour le débiteur, tandis qu'elle ne doit payer que si le dé- biteur en est incapable. Ce n'est pas dans la fortune de la caution que le créancier doit d'abord chercher son paiement : elle paiera s'il le faut, mais, en prin- cipe, ce n'est pas à elle de payer. Quand, au contraire, la compensation a lieu entre le créancier et le débi- teur principal la caution est libérée, car elle n'inter- vient que pour assurer au créancier son paiement; or, la dette étant éteinte par compensation, le créan- cier a obtenu ce qu'il désirait Ce résultat est la so- lution normale, car il est naturel que ce soit le débi- teur qui paie sa propre dette.

Il ne faudrait cependant pas entendre l'art. 1294-2° d'une façon trop restreinte et dire que jamais le débiteur principal ne pourra opposer la compensa- tion de ce que le créancier doit à la caution. En effet, quand ce débiteur principal sera complétement inca- pable de payer, et que, après l'avoir poursuivi inutilement, le créancier se retournera contre la caution, comme celle-ci se trouve dans l'obligation de payer pour le débiteur, la compensation pourra avoir lieu, au moyen d'une demande reconventionnelle, entre la dette dont le créancier se trouve tenu envers la caution, et la dette que la caution se trouve obligée d'acquitter. — Le débiteur principal sera complétement libéré comme il le serait par un paiement fait pour lui par la personne qui l'a cautionné, et, en ce sens, il y aura une compensation opérée du chef de la caution ; cette dernière aura alors contre le débiteur le recours dont parle l'art. 2028, absolument comme si elle avait payé pour lui. Mais il est clair que ce résultat n'aura lieu que si le créancier a d'abord discuté le débiteur principal inutilement: tel est le sens du deuxième alinéa de l'art. 1294, seulement, cette compensation n'est pas une compensation légale; elle est purement judiciaire car elle n'a pas lieu entre deux parties principalement et personnellement créancières et débitrices l'une de l'autre, et il a fallu d'abord s'attaquer au débiteur principal. Si la caution poursuivie, même avant la discussion du débiteur, consentait à opposer au créancier la compensation de ce qu'il lui doit, à elle caution, sans le renvoyer d'abord actionner le débiteur, la compensation facultative pourrait avoir lieu, la caution étant libre de renoncer à un bénéfice établi en sa faveur. La compensation ne se produirait que grâce au bon vouloir de la caution; elle aurait le droit de dire au créancier :

« Poursuivez d'abord le débiteur principal, et s'il
« est incapable de payer, j'acquitterai la dette en
« son lieu et place; mais constatez d'abord cette in-
« capacité (1). »

L'art. 1294 qui parle de la caution s'applique-t-il
à toutes les cautions, et, notamment à la caution solidaire? Cette caution peut-elle, comme les autres
cautions, opposer la compensation de ce que le créancier doit au débiteur principal, ou bien faut-il la
traiter comme un codébiteur solidaire, lequel, d'après
l'art. 1294 *in fine*, ne peut opposer la compensation
de ce que le créancier doit à son codébiteur?

La raison de douter que l'article, en parlant de caution, ait voulu comprendre la caution solidaire comme
les autres cautions, c'est qu'elle s'est mise dans une
position toute spéciale; l'art. 2021 lui ôte le bénéfice *de discussion* que la loi accorde aux cautions qui
n'y ont pas renoncé, et, d'après les termes de l'art.
2026, on est amené à reconnaître que la loi lui ôte
aussi le bénéfice *de division*, car, en s'obligeant solidairement, elle a manifestement promis de payer
tout et a renoncé ainsi à la division de la dette.

De ces deux textes (2021 et 2026), et surtout du
caractère de l'obligation qu'a prise cette caution,
certains auteurs ont conclu que la caution solidaire
s'est mise, vis-à-vis du créancier, absolument dans
la situation d'un codébiteur solidaire, et qu'en con-

(1) M. Duranton, t. XII, p. 425. — MM. Aubry et Rau, § 326,
note 21. — Marcadé, t. IV, n° 836.

séquence, il lui est impossible, d'après l'art. 1294 *in fine*, de se se prévaloir de la compensation. Car dans les rapports de la caution avec le créancier, disent-ils, la caution est un vrai débiteur solidaire : elle ne reprend son caractère de caution que dans ses rapports avec le débiteur principal. Quand il s'agit de débiteurs solidaires, quand l'un d'eux a tout payé, il peut recourir contre ses codébiteurs pour la part de chacun d'eux, et, en conséquence, pour le tout contre l'un d'eux si la dette a été contractée entièrement dans l'intérêt de ce codébiteur. Seulement le codébiteur qui veut exercer ce recours doit faire cette preuve (1216), tandis que quand il s'agit d'une caution solidaire, elle n'a rien à prouver, on présume qu'elle s'est obligée entièrement dans l'intérêt des codébiteurs. Voilà le seul avantage qu'il y ait, d'après les partisans de ce système à s'être porté caution solidaire au lieu de s'être porté codébiteur solidaire; la caution n'a cette qualité que vis-à-vis des débiteurs : à l'égard du créancier, cette caution ne diffère pas des codébiteurs (1).

Nous ne pouvons partager cette doctrine. Nous préférons suivre le système de M. Valette. Le savant jurisconsulte fait d'abord observer que c'est faire la position trop mauvaise à celui qui s'est portée caution solidaire. De ce que, en s'obligeant, on est censé avoir dit: « je renonce aux bénéfices de division et de discussion, et si vous m'actionnez, je paierai la

(1) MARCADÉ, t. IV, n° 840.

totalité de la dette, il ne s'ensuit pas que l'on ait entendu pour cela renoncer au bénéfice que l'article 1294 accorde à la caution. Les obligations doivent formellement s'entendre en faveur de celui qui s'est obligé (1162); or, quand on dit qu'on se porte *caution*, on n'a pas dit qu'on voulût être débiteur solidaire. Un cautionnement, même solidaire, doit toujours avoir le caractère d'un cautionnement, et une caution, solidaire ou non, est toujours, au fond, une caution autrement il faudrait aller jusqu'à décider qu'il n'y aucune différence entre le débiteur solidaire et la caution solidaire, ce qui serait méconnaître l'intention des parties. En se soumettant à la solidarité, la caution a renoncé seulement aux droits que la loi lui enlève par une disposition formelle, et les bénéfices de division et de discussion sont de ce nombre. Mais nulle part la loi n'a dit que la caution solidaire ne pourrait bénéficier de la compensation! L'article 1294, 1° accorde au contraire aux cautions cet avantage, et ses termes larges ne comprennent aucune restriction. «*La caution*», dit-il, «*peut opposer la compensation*» etc. Or une caution solidaire est une caution: l'article lui est donc applicable. Pour décider autrement, il aurait fallu que le texte fît une restriction relativement à la caution solidaire, mais la loi ne faisant aucune distinction de ce genre, il serait dangereux de distinguer (1).

(1) M. VALETTE à son cours,. — *Contra*, N. DURANTON, XII.

Nous arrivons donc à conclure que la caution solidaire jouit de tous les avantages accordés aux autres cautions, excepté de ceux qui lui sont retirés par la loi dans un texte formel. Aussi la Cour de cassation décide-t-elle à bon droit, selon nous, que l'on doit appliquer à la caution solidaire l'article 2037 d'après lequel « la caution est déchargée lorsque la subro- « gation aux droits, hypothèques, et priviléges du « créancier ne peut plus, par le fait de ce créancier, « s'opérer en faveur de la caution (1). »

« Le débiteur solidaire ne peut opposer la com- « pensation de ce que le créancier doit à son codébi- teur », nous dit l'article 1294, *in fine*. Il semble, au premier abord, que cette décision soit critiquable, car la compensation a lieu de plein droit, entre deux dettes ayant les qualités requises par l'article 1291 et dues par deux parties personnellement et principa- lement créancières et débitrices l'une de l'autre. On en devrait conclure que, l'un des codébiteurs soli- daires étant débiteur principal comme chacun des autres codébiteurs, et, de plus, étant devenu créancier du créancier commun, la dette serait éteinte par compensation. Mais la loi en a décidé autrement Ce dernier alinéa de l'article 1294 a été introduit sur

332. — Marcadé, IV, n° 840. — Colmar, 5 *juin*, 1821. *I. des Palais* (1821).

(1) MM. Valette, loc. cit. — Toullier, VII, 376. Desjardins, op. cit., p. 438. — *Toulouse* 11 *août* 1818. — Aubry et Rau, § 423 et 428, notes 7 et 13.

les instances du tribunal (1), qui donnait pour motif de cette décision que si l'un des codébiteurs pouvait opposer la compensation de ce que le créancier doit à l'un de ses codébiteurs, ce serait une source de procès sans nombre. « Il faudrait, disaient les tribuns, « examiner les relations qui existeraient entre ces « codébiteurs, en tenir compte, etc., ce qui forcerait « chacun de ces débiteurs à s'immiscer dans les affaires « de l'autre ». Ces motifs allégués par le tribunat sont trop absolus; s'il en était ainsi, il faudrait effacer le 1er alinéa de l'article 1294, car évidemment il force d'examiner les relations qui existent entre la caution et le débiteur principal afin de voir si ce débiteur peut payer, puisque ce n'est qu'à son défaut que la caution sera tenue. Le vrai motif, comme l'indique M. Valette, c'est que, lorsque plusieurs individus se sont engagés solidairement, le créancier a voulu faire de chacun d'eux son propre débiteur, et ils ont accepté ce titre. Dès lors, vis-à-vis du créancier, chacun se trouve comme le débiteur unique, et, en conséquence, exposé à faire l'avance: ce sera *d'après le choix du créancier* que l'un deux fera cette avance. Or Primus, l'un des trois codébiteurs solidaires, (Primus, Secundus Tertius) étant devenu créancier du créancier commun, si le codébiteur Secundus pouvait, lorsque le créancier lui demandera son paiement, opposer la compensaion opérée du chef de Primus, il rejetterait sur

(1) Fenet, t. XIII, p. 162.

Primus le fardeau de l'avance à faire tandis que le créancier avait choisi Secundus, et non Primus pour le supporter. Le codébiteur Secundus ne pourra donc se prévaloir de la compensation; seulement, entre eux, les codébiteurs règleront leurs comptes comme de droit.

Une difficulté s'est élevée à cet égard. On a dit, d'après l'art. 1294 *in fine*, l'un des codébiteurs solidaires ne peut opposer la compensation opérée du chef de l'autre. Il ne le peut pour le tout, soit, l'article est formel. Mais Secundus peut-il opposer la compensation opérée du chef de Primus, au moins pour la part que Primus doit supporter dans la dette?

On sait que, lorsque l'un des codébiteurs a payé toute la dette, il a recours contre ses codébiteurs soit pour une part virile, soit pour une part proportionnelle à l'intérêt que chacun avait dans l'obligation (1213 à 1216). Or, certains jurisconsultes ont soutenu que le débiteur solidaire Secundus poursuivi pour la totalité de la dette ne peut être contraint (au cas de compensation existant du chef de Primus) que de payer la dette moins la part de Primus ; car si Secundus a la qualité de codébiteur solidaire vis-à-vis du créancier pour le surplus de la dette, il est bien certain qu'il joue le rôle de caution de ses codébiteurs pour leur part (1216). Ceci posé, la caution pouvant opposer le bénéfice de la compensation opérée du chef du débiteur principal, le codébiteur solidaire pourrait l'invoquer de même pour la part dont il est tenu comme caution (1).

Ce système, qui était celui de Domat, avait déjà été combattu dans l'ancien droit par Pothier. Une simple considération suffit pour le faire écarter : si la dette avait été contractée dans l'intérêt unique de celui des codébiteurs solidaires du chef duquel la compensation s'est opérée, on devrait décider, d'après le raisonnement, que les adversaires tirent de l'art. 1216, et en suivant logiquement leur argumentation, que l'autre codébiteur poursuivi pourrait opposer la compensation complétement, car ce codébiteur, est caution pour la part de celui du chef duquel il y a eu compensation, et ici cette part est la totalité de la dette. Mais ce résultat méconnaitrait la disposition de l'art. 1294 *in fine* (2). Ajoutons avec M. Demangeat (3) que si ce codébiteur poursuivi pouvait opposer même pour partie la compensation opérée du chef de l'autre codébiteur, il créerait par là à son profit personnel un privilége à l'encontre des autres créanciers de ce codébiteur, qui est peut-être insolvable. « Nous dirons donc qu'il est tenu de payer toute la « dette solidaire, sauf à former sur-le-champ saisie- « arrêt entre les mains du créancier en subissant « alors le concours des autres créanciers de son co-

<hr>

(1) MM. Toullier, VII, n° 333 ; et Marcadé, t. IV, p. 655. — Cassat. 24 *déc.* 1834, Dev. 35, 1, 141.

(2) M. Valette, loc. cit.

(3) M. Demangeat, op. cit., p. 280, note.

« débiteur. » — De plus, la caution joue un rôle accessoire, tandis que la qualité du codébiteur le constitue débiteur *pour le tout*, et, comme tel, le met dans le cas d'être contraint de faire l'avance. Enfin, les termes mêmes de l'art. 1294 ne distinguent nullement entre une compensation totale et une compensation partielle (1). Toullier, partisan du système que nous combattons était si peu persuadé de la force des arguments qui militent en faveur de son système, qu'il émettait le vœu que, dans une réforme du Code Napoléon, on ajoutât à l'art. 1294 3° ces mots: « Si ce « n'est pour la part de ce dernier. » La loi est donc bien loin d'admettre sa doctrine.

Nous venons de voir que le débiteur solidaire ne peut opposer la compensation de ce que le créancier doit à son co-débiteur (1294). Ceci prévoit le cas de solidarité passive (1200). Mais que décider dans l'hypothèse d'une solidarité passive (1197) ? Ainsi, Primus et Secundus sont créanciers solidaires de Tertius d'une somme de 1000 fr., et Tertius devient créancier de Primus d'une même somme. Tertius pourra-t-il opposer à Secundus la compensation opérée entre lui, Tertius et Primus ? ou bien, au contraire, appliquerons-nous ici la décision de l'art. 1294 relativement à la solidarité passive, et déciderons-nous qu'il ne pourra opposer cette compensation ?

(1) MM. Toullier, VII, 333. — Zachariæ, t. II, § 298, note 29. — Fréd. Duranton, loc. cit. — Gérardin à son cours (1865-66) — Discours du tr. bun Mouricault Locré, XII, p. 566.

Nous pensons qu'elle sera opposable. En effet, quel est le contrat intervenu entre ces trois personnes ? Il a été convenu que Primus ou Secundus aura le droit d'exiger 1000 fr. de Tertius, mais que le paiement fait par lui à l'un d'eux le libérera pour le tout.

Or, ici, la dette est éteinte: Primus se trouve avoir été payé de Tertius en monnaie de compensation, et dès lors Secundus n'a plus rien à réclamer. Secundus ne peut légitimement se plaindre, car l'art. 1118 permettant à Tertius de payer l'un ou l'autre de ses créanciers à son choix et la compensation étant assimilée au paiement, comme nous l'avons vu, il n'aurait aucun motif sérieux de réclamation. On nous objecte l'art. 1294. Mais cet article tout à fait exceptionnel déroge au principe de l'art. 1290 d'une façon extrêmement grave, aussi ne doit-on l'appliquer que dans les cas qu'il prévoit formellement. C'est ici le cas d'appliquer cette règle que les exceptions sont de droit strict et ne s'étendent pas en dehors des hypothèses en vue desquelles elles ont été faites. Nous rentrons donc dans le cas de l'art. 1290, et alors la compensation légale s'étant produite, les deux dettes sont éteintes et par la seule volonté de la loi (1).

Du principe que chaque partie doit être personnellement et principalement créancière et débitrice de l'autre, faut-il conclure que la compensation a lieu

(1) Sic : MM. DURANTON, XI, 178. — DESJARDINS, op. cit., p. 110. — AUBRY et RAU, § 278, note 11. — *Contra* : MM. DELVINCOURT, II, 500. — MARCADÉ, IV, p. 183.

entre les créances du mari contre un tiers et les dettes dont la femme est tenue envers ce tiers ? A-t-elle lieu aussi entre les dettes du mari et les créances de la femme envers la même personne ?

Si les époux ont adopté le régime de la communauté, que la dette soit due par le mari, et que la femme soit créancière du créancier de son mari, pas de difficulté. Cette créance de la femme tombe en communauté ; or le mari a reçu le pouvoir d'aliéner et d'hypothéquer les biens formant l'actif de cette communauté ; (1421) et même de les *donner* dans certaines limites (1422) ; il peut donc à plus forte raison employer les créances de la femme (qui sont un bien de communauté), à se libérer de ses dettes ; ses créanciers peuvent donc le contraindre à en faire cet emploi (1166). La compensation peut en conséquence ici avoir lieu, pourvu, bien entendu, que les deux créances aient d'ailleurs les qualités requises pour que la compensation puisse se produire.

Quant aux dettes de la femme, elles ne tombent en communauté que si elles ont date certaine antérieurement au mariage (1410), ou, si elles ont pris naissance pendant le mariage, mais alors seulement si la femme les a contractées avec l'autorisation de son mari (1419). S'il s'agit d'une dette contractée en violation de ces deux règles, le mari ne pourrait être contraint de la payer, et la compensation légale n'éteindrait pas la créance que le mari peut exercer à l'encontre du créancier de sa femme, si au contraire on se trouve dans les deux cas prévus par les art. 1410 et 1419, comme le mari devient alors débiteur principal et personnel de la dette de sa femme (1484), la compensation aura lieu entre la créance du mari et cette dette de la femme, les autres conditions nécessaires à la compensation légale étant, nous le supposons, exactement remplies.

Voici une question plus délicate. La dette que le mari a contractée envers un tiers se compense-t-elle avec la créance que la femme a contre le créancier de son mari, les époux étant mariés sous le régime dotal?

La difficulté tient à ce que, sous ce régime, il n'y a aucune communauté entre les époux. Cette considération nous force de décider qu'il ne peut y avoir de compensation légale, car d'abord, la créance de la femme et la dette du mari restent personnelles à chacun d'eux. On ne peut donc dire en conséquence que le débiteur de la femme se trouve en même temps son créancier, or l'art. 1289 n'accorde la compensation que lorsque deux personnes sont respectivement créancières et débitrices l'une envers l'autre. Cette condition *sine quâ non* de la compensation légale fait ici défaut. Pour qu'elle puisse se produire, il faudrait que le mari ait acquis la propriété des créances de sa femme. On a, il est vrai, soutenu que le mari est propriétaire de la créance que sa femme peut avoir contre un tiers (1). On invoque en faveur

(1) *Trib. de la Seine,* Dalloz, 1833, I, 216. — Troplong, IV, 3164.

de ce système l'art. 1551 du C. N. duquel il résulte que le mari devient propriétaire : 1° des sommes appartenant à sa femme, par application des règles du quasi-usufruit (587. C. N.) ; 2° des meubles mis à prix par le contrat, si l'on n'a pas eu soin d'ajouter que l'estimation n'en vaudrait pas vente. Or, a-t-on dit, une créance contient en elle-même son estimation, sa mise à prix, puisqu'on ne peut l'énoncer sans en indiquer le chiffre. Donc si l'on n'a pas formellement déclaré que le mari n'en deviendrait pas propriétaire, il en a acquis la propriété d'après l'art. 1551.

Un tel raisonnement doit être condamné, car il résulte de l'art. 1567 du C. N. que lorsque la dot contient des créances actives qui ont péri, le mari ne sera tenu que de restituer les titres de ces créances (« *les contrats* » dit le Code, en se servant d'une mauvaise expression). Cela signifie clairement que le mari n'est pas devenu propriétaire de ces créances, autrement il en supporterait la perte ; et cependant, on est bien forcé ici pour énoncer de semblables biens d'en indiquer la valeur. Cette indication essentielle, qu'on ne peut pas ne pas faire, n'en transfère donc pas la propriété au mari (1). Ces créances se reconnaissent en effet parfaitement ; elles ont une indivi-

____

(1) M. Reudant, à son cours. — MM. Pont et Rodière, II, p. 100.

dualité incontestable. Aussi, la jurisprudence a-t-elle abandonné ce système (1).

Si le mari peut disposer entièrement des valeurs dotales devenues sa propriété, il pourra aussi, avec ces valeurs, payer ses dettes, et ses créanciers auront le droit, d'après l'art. 1166, de l'y contraindre s'il s'y refuse. La compensation légale aura donc lieu, le mari étant créancier et débiteur de la même personne, et il est de l'essence de cette compensation que les deux parties puissent l'invoquer.

Mais rien de semblable ne pourrait avoir lieu pour les créances dotales restées la propriété de la femme. La jurisprudence suit sur ce point une doctrine bizarre. Elle permet au mari de disposer comme bon lui semble de la dot mobilière tant qu'il n'y a pas eu de séparation prononcée. Maints arrêts non-seulement permettent au mari de céder les valeurs dotales, et de les nover, mais encore permettent aux créanciers du mari de les saisir-arrêter. La plupart des Cours permettent en conséquence la compensation légale (2).

(1) A l'égard des créances nominatives appartenant à la femme, la Cour de cassation a décidé que le dépôt de semblables valeurs, fait chez un banquier, ne lui en transfère nullement la propriété (à la différence de ce qu'a lieu pour les valeurs au porteur), et qu'il doit en conséquence rendre *les mêmes titres*, et non d'autres d'une même valeur, sous peine de commettre un abus de confiance.

(2) *Rouen*, 4 mars 1837, *J. du Palais*, t. II, p. 525, *Caen*, 18 *juillet* 1854, *Dev.* 56, 2, 180. — *Cassat.* 6 *déc.* 1859, DALLOZ,

On mit à cet égard la doctrine de l'ancien droit qui peut se résumer en ces termes :

« Le mari étant maître absolu des obligations qui « lui ont été constituées en dot, et pouvant les no-« ver et en retirer paiement sans être obligé de bail-« ler caution il s'ensuit que, *tandis que ces obligations* « *appartiennent au mari*, ses créanciers peuvent sai-« sir-arrêter les sommes dotales entre les mains de ses « débiteurs, et qu'ils doivent en avoir la récréance sans « que la femme puisse s'y opposer, si les biens de son « mari ne sont pas en distribution. On demeura d'ac-« cord de ces propositions à la chambre des Enquêtes « du Parlement de Toulouse le 30 may 1665 (1). »

Voilà bien l'ancien droit, mais ceux qui l'invoquent oublient que les principes sont changés. Le mari n'est plus, chez nous, *dominus dotis*, comme l'atteste l'art. 1549 : il serait en effet naïf de lui donner le pouvoir d'administrer la dot s'il en était propriétaire ! Le passage que nous venons de citer prouve que les principes ont variés : « ces obligations apparien-« nent au mari, » dit-il. Or, nous venons de démon-trer qu'elles restent la propriété de la femme à moins de déclaration contraire.

Voici donc à quelle interprétation nous sommes conduits : Le mari est administrateur de la dot ; comme tel, il peut aliéner la dot mobilière dans

I. p. 501. — MM. Duranton, t. XII, p. 415. — Rodière et Pont, *Tr. des cout. de mar.*, t. II, p. 272. — Troplong (n° 3243).

(1) J. Brillon, *Dict. des arrêts*, t. II, p. 323.

les limites de l'administration. Aucun texte ne lui donne le droit de l'aliéner sans limites. Mais s'l est administrateur, il a de grands pouvoirs : il est administrateur *cum libera*. Il faut remarquer qu'il pourra arriver qu'il paie sa dette avec les deniers dotaux et avec les créances constituées en dot, et cela est de toute nécessité ; car, ayant le droit d'exercer les actions de sa femme (1549), de recevoir des débiteurs de sa femme leur libération et de donner valablement quittance, il devient propriétaire des écus, et rien ne l'empêche, après qu'il a reçu du débiteur de sa femme le paiement de la créance constituée en dot, de remettre à ce dernier, pour acquitter sa propre dette, les fonds qu'il vient de recevoir. Il est donc plus simple, lorsque son créancier le poursuivra, que le mari oppose en compensation la créance que la femme a contre ce même créancier. Car il serait rigoureux de décider que le mari poursuivi par son propre créancier pour une dette de 1000 francs soit obligé de payer, alors que, immédiatement après s'être libéré, il pourrait intenter une action, en vertu de l'art. 1549 et comme exerçant les droits de sa femme, pour forcer le créancier à payer la dette de 10,000 francs dont il est tenu envers elle. Ce créancier devrait rendre d'une main ce qu'il vient de recevoir de l'autre. Cela multiplierait les procès et occasionnerait une perte de temps et des frais.

Mais, remarquons le bien, de ce que le mari a le droit d'opposer la compensation à son créancier, il

n'en faut pas conclure que la compensation soit légale ;
elle est seulement facultative, car le mari n'est pas à la
fois créancier et débiteur de la même personne,
puisqu'il n'a point la propriété des créances constituées
en dot. Et, comme le dit très-judicieusement M. Desjardins : « Les créanciers d'une personne n'ont pas à
« s'informer si celle-ci administre le patrimoine d'un
« tiers avec un pouvoir plus ou moins étendu ; ils
« n'ont de droit que sur ce qui est la propriété de
« leur débiteur, et, à partir du jour où celui-ci se trouve
« propriétaire ; mais s'il est possible qu'un adminis-
« trateur ait le droit de céder, il n'en est pas moins
« impossible que les créanciers de cet administrateur
« aient le droit de saisir. Si la saisie-arrêt ne peut être
« faite sur la créance dotale par le créancier du mari
« la compensation légale n'est pas admissible, puis-
« qu'elle implique chez le créancier le droit de con-
« traindre une personne en paiement sur la créance
« qui en fait l'objet(1). »

L'intérêt de cette solution est considérable. Si la
compensation était légale, le débiteur de la femme,
(aussi bien que le mari, débiteur du débiteur de la
femme), pourrait s'en prévaloir dans tous les cas, et
la créance de la femme serait éteinte, sauf un recours
contre le mari, recours inutile en cas d'insolvabilité.
Le mauvais état de la fortune du mari retomberai
alors toujours sur la femme. Tandis que, la compen-

(1) M. DESJARDINS, loc. cit , p. 367.

sation étant facultative, le mari pourra ne pas l'opposer : il poursuivra alors le débiteur de la femme, obtiendra paiement, et placera l'argent au nom de la femme, (en immeubles inaliénables si le contrat de mariage autorise ainsi le remploi d'après l'art. 1553), puis ce débiteur de la femme s'étant acquitté, poursuivra le mari et obtiendra de lui ce qu'il pourra. Peut-être ne touchera-t-il rien (si le mari est en déconfiture), mais il ne serait pas en droit de s'en plaindre puisque, ayant traité avec le mari et non avec la femme, il a suivi la foi de ce débiteur.

Une autre question que fait naître la quatrième condition exigée pour la compensation légale est celle de savoir si cette compensation a lieu, en cas d'acceptation d'une succession sans bénéfice d'inventaire, entre la dette dont un tiers est tenu envers la succession et la créance que ce tiers a contre l'héritier bénéficiaire.

Il est de principe que l'acceptation sous bénéfice d'inventaire, sépare les deux patrimoines : le défunt est censé vivre encore, si l'on peut parler ainsi (art. 802 2°), il en résulte que l'héritier est bien débiteur de son créancier, mais qu'il n'en est pas en même temps créancier, car la créance du *de cujus* appartient à la succession et non à l'héritier bénéficiaire. Chaque partie n'étant pas personnellement et principalement créancière et débitrice de l'autre, il manque une des conditions essentielles pour que la compensation se produise. Mais si l'héritier bénéficiaire vient à renoncer à son bénéfice ou en est déchu, la confusion des deux patrimoines s'opérant, les qualités requises pour qu'il y ait compensation légale se rencontrent.

Si l'héritier bénéficiaire est à la fois créancier et débiteur de la succession, pourra-t-il invoquer la compensation légale ?

Une distinction nous semble nécessaire. La compensation étant un paiement abrégé, il ne pourra compenser que s'il peut y avoir paiement. Or l'acceptation bénéficiaire ne confère à l'héritier aucun droit de préférence sur les autres créanciers de cette succession. Si donc il existe des créanciers hypothécaires ou privilégiés, ils devront être payés avant lui, et ce n'est qu'après qu'ils seront désintéressés, qu'il pourra opposer la compensation, mais seulement jusqu'à concurrence du dividende qui reviendra à chacun des créanciers chyrographaires (au nombre desquels il se trouve, nous le supposons), si la succession n'est pas assez riche pour acquitter la totalité du passif, et pour la totalité si l'actif de la succession suffit à les payer tous intégralement. Mais il n'en sera ainsi que s'il existe des créanciers opposants (808 C. N.). Car si aucune opposition n'a été faite, il les paiera à mesure qu'ils se présenteront, sans tenir compte des créanciers privilégiés ni des créanciers hypothécaires. Le premier arrivé sera payé. L'héritier pourra dès lors opérer lui-même la compensation entre sa dette et celle dont la succession est tenue à son égard, ce sera sans doute lui qui se présentera le plus vite.

, Que décider quand plusieurs personnes étant héritières d'une même succession, l'une d'elles se trouve à la fois créancière et débitrice de cette succession ? Le caractère de liquidité fait ici défaut, car on ne connaît pas encore l'actif de la succession, et, par'ant, quel est le droit de chacun des héritiers sur les différentes créances. Pour résoudre cette difficulté, on s'est reporté au principe de l'art. 883. Le partage, chez nous, a un effet déclaratif. Chacun des héritiers est donc censé avoir toujours été seul et unique propriétaire des obligations comprises dans son lot, depuis le jour de l'ouverture de la succession. Quant aux comptes à régler entre les cohéritiers, car ces comptes sont nécessaires pour que le partage s'effectue, ils doivent donc participer de la nature de l'acte auquel ils sont si intimement liés. C'est donc du jour de l'ouverture de la succession que la créance et la dette de l'héritier ont acquis la condition de liquidité nécessaire pour toute compensation légale. On est ainsi amené à décider que, les deux dettes étant éteintes, les intérêts que la dette de l'héritier aurait produits d'après l'art. 856 auront cessé de courir, jusqu'à due concurrence de la valeur des deux dettes, du jour de l'ouverture de cette succession. Nous ne pouvons ad-admettre ce système : l'art. 883 ne s'appliquant pas aux créances, comme nous le démontrons plus loin.

Le mandataire peut compenser légalement la créance qu'il a contre mandant avec celle que ce mandant a contre lui. par suite de l'accomplissement du

mandat. Tous deux, en effet, sont personnellement et principalement créanciers et débiteurs
l'un de l'autre. (Nous supposons le concours des autres conditions de la compensation.

Mais si le mandataire charge une autre personne
d'exécuter le mandat, la dette que le mandataire
substitué contractera par suite du mandat envers le
mandant se compensera-t-elle avec ce que lui doit le
mandataire substituant? Ainsi si Titius me donne
mandat d'aller toucher les, 10,000 fr. que lui doit un
tiers, et que je charge Sempronius de ce soin, si,
Sempronius est mon créancier d'une somme de 10,000
fr. par exemple, y aura-t-il entre lui et moi compensation et cette compensation sera-t-elle opposable à
Titius afin d'éteindre la créance née du mandat au
profit de Titius ?

L'art. 1994 C. N. accorde au mandant une action
directe contre le mandataire Sempronius. Il faut cependant distinguer, selon que le mandataire substitué
Sempronius a connu le mandat originaire, ou qu'il ne
l'a pas connu.

S'il en a eu connaissance, cette compensation ne
pourra être permise. Car, de ce que le mandant peut,
d'après l'art. 1994 2° « agir contre la personne que
« le mandataire s'est substitué, » il suit de là que ce
mandataire substitué qui savait qu'il agissait, non
pour le compte du mandataire substituant, mais
pour le compte du mandant, ne peut pas compenser
les sommes qu'il a reçues par suite du mandat, et

qu'il doit encore, avec les créances qu'il a contre le mandataire substituant (1). Que faut-il d'abord pour que la compensation existe ? Il faut que deux personnes soient à la fois créancières et débitrices l'une de l'autre. Or il en est ici autrement. Le mandataire substitué Sempronius n'est point débiteur de moi substituant, mais du mandant ; il est débiteur du mandant : en effet, l'art. 1994 *in fine* décide que, *dans tous les cas* (c'est-à-dire sans distinguer entre l'hypothèse où le mandataire aurait répondu du substitué et celle où il n'aurait pas pris cette précaution), le mandant a le droit d'agir directement contre la personne substituée par le mandataire. Pour accorder au mandant cette action directe, il ne faut pas exiger que le substituant ait commis une faute, comme semble l'exiger M. Troplong (2). Peu importe qu'il soit ou non en faute : l'action directe existe au profit du mandant (1994 2°).

L'intérêt de la question est grand. Si le mandant n'avait pas d'action directe et devait agir, contre le substitué, au nom du premier mandataire, il viendrait, grâce à l'art. 1166, et comme exerçant les droits de son débiteur, et, en conséquenc, au marc le franc, avec les autres créanciers de ce mandataire; si au contraire il a une action directe, en son propre nom, il vient par lui-même et n'a, en conséquence, aucun concours à subir.

(1) *Cassat.* 20 avr. 1859, Dalloz, 59, 1, 263.
(2) M. Troplong, du *Mandat,* n° 487.

On nous objecte que le substituant est un mandant à l'égard du substitué. Ceci n'est vrai que lorsque ce mandataire substitué ne connaît pas le mandat originaire, car alors on peut supposer qu'il a pris le substituant pour un vrai mandant, et, dès lors, il a eu un juste motif de payer soit en nature, soit par compensation. Ne connaissant que le premier mandataire, ce substitué a donc pu se croire obligé envers lui, et, dès lors, il a dû le payer pour s'éviter des poursuites, et dès lors, la compensation a pu se produire. Si le mandant originaire a été trompé. c'est à lui-même qu'il doit s'en prendre ; il a mal placé sa confiance (1).

Mais si, comme nous l'avons supposé, le mandataire substitué a connu le mandat primitif, il a accepté la position de mandataire *du mandant originaire*, et restera en conséquence soumis à l'action de ce mandant. Il sait n'être par débiteur du substituant : c'est au mandant qu'il doit, à lui que le paiement doit être fait. Si donc il payait le substituant par compensation ou autrement, ce serait à ses risques et périls. Car rien ne peut le soustraire à l'action que l'art. 1994 2• accorde au mandant contre lui (2).

Voici l'hypothèse dans laquelle la question s'est présentée. La dame Révol avait chargé le sieur Brunet, son agent de change, de vendre à la bourse

(1) *Cassat.* 20 avr., 59, DALLOZ, 59. I, 263.
(2) *Lyon*, 7 déc. 59, DALLOZ, 1860, II, 8.

de Lyon des titres nominatifs à elle appartenant. Brunet chargea Magnin d'accomplir ce mandat. La dame Révol ayant en vain réclamé son argent de Brunet et de Magnin, les assigna tous les deux devant le tribunal de commerce. Brunet fit défaut. Mais Magnin soutint que, n'ayant pas contracté avec la dame Révol, mais avec Brunet, il ne reconnaissait que ce dernier pour son mandant et que, d'ailleurs, il l'avait payé par voie de compensation. Mais il fut condamné, attendu que, d'une part, il ne pouvait ignorer l'existence du mandat originaire de la dame Révol, les titres qu'il devait vendre étant au nom de cette dame, et que d'autre part, l'art. 1994 2° permet au mandant d'agir directement contre le mandataire substitué.

La Cour Impériale de Lyon confirma ce jugement. Magnin forma un pourvoi fondé sur ce que, dans l'arrêt, il y avait eu violation de l'art. 1994 C. N. La Cour de cassation rejeta ce pourvoi par ces motifs que le mandant peut agir directement contre le mandataire substitué d'après l'article précité, et que, dans l'espèce le substitué n'avait pu ignorer l'existence du mandat confié au substituant par un mandant originaire, et, en conséquence, avait accepté la situation de mandataire de ce premier mandant.

Ces diverses questions étant examinées, il importe maintenant de rechercher quel est l'effet d'une cession de créance sur la compensation. Lorsque le cédé a lui-même une créance contre le cédant, peut-il opposer au cessionnaire cette créance que lui, cédé, a contre le cédant ?

Il faut d'abord remarquer que le cessionnaire n'étant, à l'égard des tiers, saisi de la créan ce cédée que du jour de la notification faite au cédé ou du jour de l'acceptation par acte authentique faite par ce cédé (1690), tant que cette notification ou cette acceptation n'aura pas eu lieu, le débiteur cédé qui est un tiers, sera toujours censé débiteur du cédant, et, en conséquence, toutes les causes de compensation qu'il pourrait opposer au cédant, il pourra les opposer au cessionnaire, car il ne connaît pas ce dernier : il n'a pour créancier que le cédant : si le cédé paie le cédant, le cédé sera libéré (1691). Or la compensation et le paiement sont deux opérations analogues. Si donc le cédé devient créancier du cédant, et si les deux créances ont les qualités voulues, il y a compensation légale et la dette est éteinte. Le cessionnaire n'a donc plus alors qu'une action en garantie contre le cédant : telle est la sanction de l'art. 1690.

Il en sera tout autrement si l'on suppose, (ce qui arrivera le plus souvent), que le cessionnaire s'est conformé aux prescriptions de la loi (1690), soit qu'il ait signifié la cession au cédé, soit qu'il ait obtenu son acceptation par acte authentique.

L'art. 1295, prévoyant cette hypothèse, pose le principe suivant : « Le débiteur qui a accepté purement « et simplement la cession qu'un créancier a faite de « ses droits à un tiers, ne peut plus opposer au ces-

« sionnaire la compensation qu'il eût pu, avant l'ac-
« ceptation, opposer au cédant. A l'égard de la cession
« qui n'a point été acceptée par le débiteur mais qui
« lui a été signifiée, elle n'empêche que la com-
« pensation des créances postérieures à cette notifi-
« cation.»

Il n'est donc pas indifférent que le cessionnaire
ait recours à l'un ou à l'autre des deux moyens que
l'art. 1690 indique.

Supposons d'abord que le cessionnaire ait fait une
signification au cédé.

Cette signification empêche la compensation de
s'opérer entre l. cédé et le cédant, mais seulement pour
les causes de compensation existant postérieurement
à la notification. Désormais, peu importe que le cédé
devienne créancier du cédant ce dernier, n'étant plus
lui-même créancier du cédé puisqu'il a transféré au
cessionnaire la propriété de la créance. Mais il n'est
pas moins évident que cette notification ne peut avoir
aucun effet sur les causes de compensation qui exis-
taient déjà entre le cédé et le cédant antérieurement à
la notification. Car si le cédé était devenu, avant cette
notification, créancier du cédant, la coexistence des
deux créances aurait réalisé la condition nécessaire à
la compensation légale, et, pourvu que les autres conditions n'aient pas fait défaut, toutes deux seraient
éteintes par le défaut même de la loi. Le cédant en
vendant sa créance au cessionnaire aurait donc fait un
acte nul puisqu'elle n'existait déjà plus, et, dès lors,

la significationde la cessionse trouverait nulle comme la cession elle-même.

Mais le cessionnaire a pu prendre la voie que lui ouvre l'art. 1690. Il a pu obtenir du cédé son acceptation par acte authentique, quel sera l'effet de cette acceptation?

Il sera plus énergique que celui résultant d'une notification. Supposons, en effet, que Primus ayant cédéà Tertius la créance de 30,000 fr. qu'il avait contre Secundus, Secundus accepte la cession par acte authentique. Secundus, le cédé, (pourvu qu'il n'ait pas réservé ses droits et s'il a, en un mot, accepté purement et simplement la cession), ne pourra plus opposer à Tertius, le cessionnaire, les causes de compensation dont il pouvait se prévaloir à l'encontre du cédant Primus, et cela, non-seulement pour la compensation qui pourrait exister entre Primus et Secundus, depuis l'acceptation, mais cela sera également vrai pour celle qui se serait déjà produite.

C'est là une dérogation aux principes, car la compensation, d'après l'art. 1290, s'opère de plein droit, à l'insu des parties. Or, si elle avait eu lieu entre Primus et Secundus *avant l'acceptation*, les deux créances étaient éteintes, et, dès lors, Primus ne pouvait céder la sienne. L'acceptation de Secundus a donc pour résultat de faire renaître la créance de Primus. Cette dérogation s'explique, car, en acceptant la cession, Secundus *a renoncé* au bénéfice de la compensation : Primus a donc gardé sa créance contre Secundus (et l'a cédée à Tertius), et Secundus a conservé sa créance contre Primus. — Mais comme on ne peut, par son fait, nuire aux droits acquis à des tiers, cette acceptation de Secundus ne pourra leur préjudicier. L'art. 1295 revient donc à ceci : La compensation légale ayant lieu, les deux dettes sont éteintes. Mais le cédé ayant accepté la cession, ce sera comme si la compensation ne s'était pas produite. Seulement, cette acceptation n'aura d'effet qu'entre les parties, c'est-à-dire entre le cédant, le cédé et le cessionnaire. — Le cédé garde sa créance contre le cédant ; le cessionnaire a acquis la créance que le cédant avait contre le cédé. Mais quant aux garanties accessoires de ces deux créances, elles ont disparu par le fait même de la compensation légale. Les tiers qui s'étaient portés cautions de la créance du cédant ou de celle du cédé, ont été, par la seule force de la loi, libérés définitivement. Les détenteurs des immeubles hypothéqués à ces créances les posséderont désormais libres de toute charge; en un mot, à l'égard des tiers, l'acceptation de la cession faite par le cédé n'a pas d'effet ; ils restent dans la situation avantageuse où la compensation légale, les avait mis avant cette acceptation de la cession.

Du principe de notre art. 1295 dérive aussi cette conséquence : du jour de la notification ou de l'acceptation, le cédé étant devenu débiteur du cessionnaire (et non plus du cédant), si le cessionnaire était lui-même débiteur du cédé, les deux dettes seront éteintes par compensation (1).

Mais faut-il appliquer la déchéance de l'art. 1295, même dans le cas où le cédé aurait accepté par erreur la cession, c'est-à-dire ignorant qu'il fût devenu déjà lui-même créancier de son créancier ?

L'art. 1299 nous semble répondre à cette question : « Celui qui a payé une dette qui était de plein « droit éteinte par la compensation, ne peut plus, « en exerçant la créance dont il n'a point opposé la « compensation, se prévaloir au préjudice des tiers « des priviléges et hypothèques, qui y étaient atta- « chés, *à moins qu'il n'ait eu une juste cause d'ignorer* « *la créance qui devait compenser sa dette.*

Les derniers mots de cet article nous donnent la solution de la difficulté. Il est équitable que celui qui a juste motif d'ignorer sa créance ne soit pas victime du principe rigoureux de la compensation légale. Ainsi, je dois 10,000 fr. à Titius purement. Ignorant que je viens d'hériter d'une personne qui était créancière de ce même Titius d'une somme de 10,000 fr. garantie par une hypothèque, j'accepte la cession que Titius fait à un tiers de la créance qu'il a contre moi. Si on appliquait strictement les règles de la compensation légale, on déciderait que, par

____

(1) MM. Troplong (*vente*), II, n° 891. — Aubry, et Rau, III p. 310. — Duvergier (*vente*), t. II, n° 197, — *Paris, 28 fév.* 1825, D. 26, II, 60. — *Contra. Bordeaux, 14 avr.* 1829, D. 29, II, 209.

l'effet de cette compensation, les deux dettes se sont éteintes du jour de leur coexistence, et, avec elles, l'hypothèque qui garantissait ma créance. Mon acceptation de la cession ne peut pas, en révoquant la compensation, faire revivre ma créance à l'encontre des tiers. Les biens de Titius qui étaient frappés d'une hypothèque au profit de la créance dont j'ai hérité, sont désormais dégrevés de cette hypothèque, car les tiers, c'est-à-dire les créanciers hypothécaires de Titius, postérieurs en rang à celui de ma créance, et ses créanciers chyrographaires ont un droit acquis à ce dégrèvement.

Mais les rédacteurs du Code, tout en donnant à la compensation légale ce caractère rigoureux, y ont ajouté un correctif : l'art. 1299 vient tempérer la règle de l'art. 1290. Il décide que, si un débiteur a payé par erreur, il conserve ses droits. Or il doit en être de même de celui qui accepte par erreur la cession faite de sa créance, alors qu'il pourrait invoquer la compensation. Si la loi protége celui qui paie, par erreur, une dette déjà éteinte, pourquoi ne couvrirait-elle pas d'une égale protection celui qui, victime d'une erreur semblable, accepte la cession et renonce au bénéfice de la compensation ?

Décidons en conséquence que l'art. 1299, bien qu'il ne parle que de paiement, est également applicable à l'acceptation faite par le cédé sous l'empire de l'erreur. Le cédé conservera son ancienne créance contre le cédant, avec toutes les garanties accessoires. Les tiers ne peuvent se plaindre de cet art. 1299 : la loi qui leur avait accordé un bénéfice peut le restreindre à son gré (1). Qu'on ne vienne pas ob-jecter que le cédé pouvait, en acceptant, faire ses réserves. Il n'a sans doute nullement songé à cette créance dont il vient d'hériter, autrement il aurait été bien plus simple à lui de ne pas accepter la cession. Notre législation du reste tient grand compte de l'er-reur, et à bon droit. Ainsi, quand une dette à terme a été acquittée par le débiteur qui avait un juste motif de croire qu'il devait purement et simplement, alors qu'un terme lui était accordé par un acte posté-rieur qu'il avait une juste cause d'ignorer, on l'auto-rise à répéter ce qu'il a ainsi payé, bien que, d'après l'art. 1186, ce qui a été payé avant le terme ne soit pas sujet à répétition. Exemple : Un héritier ac-quitte un legs dont le chargeait le testament de son auteur, et, plus tard, on découvre un second testa-ment qui accordait à cet héritier 10 ans, par exemple, pour acquitter ce legs. Il y a bien là un juste motif d'ignorer le terme ; aussi, décide-t-on générale-ment, malgré les expressions de l'art. 1186, que ce débiteur peut répéter (2). Du reste il est un principe dominant, c'est que nul ne doit s'enrichir aux dépens d'autrui.

(1) M. VALETTE, loc. cit. — *Contra*, MM. DURANTON, XII n° 436. — ZACHARIÆ, II, 419,

(2) MM. VALETTE à son cours. — DURANTON, XII, 113. MAR-CADE, t. IV, *art.* 1186.

10

Il résulte de tout ce qui précède l'acceptation du cédé, et la signification qui peut lui être faite ont des résultats bien différents. Cette différence trouve en elle-même sa justification. Quand il y a acceptation du débiteur cédé, faite sciemment et sans réserves, il y a une sorte de renonciation de sa part à invoquer la compensation légale, non-seulement pour l'avenir, mais pour le passé.

Au contraire, quand on lui notifie la cession, on peut bien empêcher la compensation de se produire dans l'avenir, puisque désormais la créance cédée cesse de résider sur la tête du cédant, mais on ne peut empêcher que la compensation qui a eu lieu de par la loi, n'ait son plein et entier effet. On ne peut induire d'une notification, étrangère à la volonté du cédé, une renonciation à se prévaloir de ce bénéfice.

Une difficulté s'est élevée sur le point de savoir si une signification (ou une acceptation) est nécessaire pour opérer le transport de la créance sur la tête du cessionnaire (d'après l'art. 1690), ou bien s'il ne suffirait pas, pour empêcher le cédé de payer désormais valablement entre les mains du cédant, que le cédé ait eu autrement connaissance de la cession.

Le texte si formel et si clair des art. 1295 et 1690 du C. N. ne nous permet pas de reconnaître d'autres moyens de valider la cession à l'égard des tiers que la signification faite au cédé, ou son acceptation

par acte authentique. Si la loi exige cette dernière
condition si rigoureuse, et, en conséquence, ne per-
mettrait pas même une acceptation pas acte sous seing
privé, comment croire qu'elle se serait montrée in-
conséquente avec elle-même au point de se contenter
de la simple connaissance que le cédé aurait pu acquérir de la cession?

Si l'on devait suivre cette doctrine que tout le
monde reconnaît au moins contraire à la lettre du
Code (1690), il n'est pas une disposition de nos lois
qui ne pourrait être éludée de la sorte. Ainsi, par
exemple, la transcription de l'acte de vente, nécessaire pour que ce contrat puisse être opposable aux
tiers, et pour qu'il ait transféré la propriété à leur
égard, est requise sur la loi du 23 mars 1855. Si
donc, la transcription n'ayant pas eu lieu, le vendeur
vend une seconde fois sa chose à un tiers, nul doute
que le premier acheteur ne soit évincé, car il a été en
faute en ne transcrivant pas ; cependant le système
que nous combattons, si on le suivait dans les conséquences qu'il entraîne, ne nous conduirait à rien moins
qu'à décider que si le deuxième acheteur a eu connaissance de la première vente, il doit être évincé par
le premier, même en l'absence de toute transcription ; or personne n'oserait soutenir une semblable
doctrine.

On nous objecte que des circonstances de fait
peuvent commander une solution différente, et que la
cession serait valable si l'on reconnaissait la fraude

chez ceux qui ont contracté : « *fraus omnia corrum-pit* (1). »

A cela nous répondons par l'art. 1071 C. N. une donation n'est opposable aux tiers que si elle a été transcrite ; or cet art. 1071, parlant d'une donation contenant une clause de substitution exceptionnellement permise, prévoit la question suivante : si la transcription de l'acte contenant cette disposition n'a pas été faite, mais. si les tiers en ont eu autrement connaissance, pourront-ils se la voir opposer? A cette question il répond : « Le défaut de transcription *ne « pourra être suppléé*, ni regardé comme couvert « *par la connaissance* que les créanciers ou les tiers « acquéreurs pourraient avoir eu de la disposition « *par d'autres voies que celles de la transcription.* » Cependant il semble bien qu'il y ait une sorte de fraude de la part des tiers à ne pas tenir compte de cette disposition qui a été portée à leur connaissance autrement que par la transcription. Il faudrait donc en conclure avec nos adversaires que la disposition peut être opposée aux tiers, car « *fraus omnia cor-rumpit,* » cependant la loi nous donne, nous venons de le voir, une autre solution. Si donc nous voulons observer les art. 1295 et 1690, reconnaissons que, tant qu'une signification n'a pas été faite au cédé, ou que l'on n'a pas obtenu son acceptation

(1) MARCADÉ, t. IV, p. 39. MM. ZACHARIÆ, t. II, p. 555. — TROPLONG, II, 900. *Cassat.* 13 *juillet,* 1831. *Dal.* 31, I, 242.

par acte authentique, la cession n'est pas opposable aux tiers, (au premier rang desquels est le cédé), de même que nous admettons sans contestation que la vente n'est pas translative de propriété à l'égard des tiers, tant qu'une transcription n'a pas eu lieu, de même que nous reconnaissons que la disposition dont parle l'art. 1071 ne leur est pas opposable tant que cette formalité de la transcription n'a pas été remplie (1).

Ce que nous venons de dire relativement aux cessions de créances ne s'applique qu'aux créances civiles. Quant aux créances commerciales, on peut les céder sans ces formalités : ce serait une trop grande entrave apportée au commerce. Les lettres de change et les billets à ordre se transmettent par simple endossement (art. 35, 36, 136, 187, C. c.), car le débiteur est censé s'être obligé envers le porteur du titre quel qu'il soit (2).

Une autre question s'élève sur la quatrième condition nécessaire à la compensation légale. Elle est relative aux dépens. Quand un jugement condamne une des parties aux dépens *avec distraction au profit de l'avoué* (113, C. pr.), et que la partie qui triomphe se trouvait elle-même débitrice de l'autre partie, la compensation pourrait, au droit strict, s'effectuer entre cette dette du gagnant et la créance qu'il vient

(1) *Bastia* 10 *mars*, 1856, *Dal.* 56, II, 178. — *Cassat.* 17 *mars* 1840, *Dal.* 40, I, 159.

(2) PARDESSUS, *droit commercial*, n° 227.

d'acquérir à raison des dépens : il y a là deux parties
créancières et débitrices l'une de l'autre. Néanmoins,
on reconnaît que la compensation n'a pu se produire,
car ce n'est que pendant un seul instant de raison que
ces deux créances ont coexisté, et il serait contraire
à l'équité et à l'esprit de l'art. 133 du Code de procédure que l'avoué ne profitât pas de la distraction
des dépens qui lui a été accordée (il n'en profiterait
pas en cas d'insolvabilité de son client) (1). Il en était
du reste ainsi déjà dans notre ancienne jurisprudence.
Plusieurs arrêts du Parlement de Paris avaient admis
cette solution.

§ V. — *Il faut que les deux dettes ou l'une d'elles, ne
soient pas du nombre de celles exceptées par la loi.*

Dans la plupart des cas, il suffit, pour que la compensation ait lieu que les quatre conditions ci-dessus
se rencontrent. La règle générale est que la compensation a lieu quelles que soient les causes de l'une
ou de l'autre dette. Mais l'art. 1293 vient y apporter
plusieurs restrictions et exiger en réalité une cin-
quième condition pour la compensation légale. — Il
faut que la cause des deux créances ou de l'une
d'elles ne soit pas de nature à exclure la compensation. De là, trois cas exceptionnels, contenus dans

(1) *Paris,* 11 *mars* 1811. — *Sic.* MM. DESJARDINS, op. cit.,
p. 376.

l'article 1293, où la compensation ne peut avoir lieu.

1° « Dans le cas de la demande en restitution « d'une chose dont le propriétaire a été injustement « dépouillé. » On se rend compte aisément de cette disposition du 1° de notre article, car si l'on pouvait aller dépouiller son débiteur d'une chose fongible qui lui appartient au lieu de recourir à la justice pour obtenir satisfaction (1), si le voleur pouvait être autorisé à garder ce qu'il a soustrait sous le prétexte qu'il est créancier de la personne volée, si, en un mot, il était possible de se faire justice à soi-même, la société tomberait dans la barbarie et il ne resterait bientôt d'autre droit que celui du plus fort. Il faut donc d'abord restituer à celui qui a été victime de la spoliation : *« Spoliatus ante omnia restituendus. »*

2° « Dans le cas de la demande en restitution d'un « *dépôt* ou d'un *prêt à usage.* »

Ce 2° est plus difficile à expliquer; il fait même naître une grave difficulté.

Le dépôt et le prêt à usage ont pour objet un corps certain. Or, nous avons vu que la compensation légale n'est possible que si les deux dettes ont pour objet des choses fongibles entre elles. Cette condition faisant ici défaut, la compensation ne peut pas se produire. Qu'était-il donc besoin alors d'excepter ces cas? Les principes ne commandaient-ils pas d'eux-mêmes cette solution?

On s'est ingénié à trouver des hypothèses où la compensation légale aurait pu avoir lieu si le 2° de l'art. 1293 n'avait pas existé. En voici une où cet article a quelque utilité quant au dépôt. Ce contrat peut n'avoir pas pour objet un corps certain, mais un genre, par exemple une somme d'argent, auquel cas, le déposant, au lieu de remettre les écus dans un sac cacheté (ce qui en aurait fait un corps certain), a confié au dépositaire une certaine somme, comptant bien obtenir la restitution d'une somme égale, mais sans avoir l'intention que les mêmes écus lui soient restitués. « Au fond, et essentiellement, on ne veut « autre chose que mettre pour plus de sûreté son « argent entre des mains étrangères ; mais on veut « déposer la somme et non les pièces de monnaie « elles-mêmes.... le déposant ne tient pas à ces écus « mêmes, puisqu'il les a comptés au dépositaire au « lieu de les lui remettre dans un sac cacheté (1). » C'est là ce qu'on appelle un *dépôt irrégulier.*

En pareil cas, la dette a pour objet une chose fongible, la compensation aurait donc été possible. Voilà un cas où l'art. 1293 2° produit un effet : il empêchera la compensation. Ceci se justifie par cette considération que le dépôt étant un contrat où la bonne foi du dépositaire est essentielle (2), il faut

(1) V. PELLAT, *Textes choisis des Pand.*, p. 75. — POTHIER, op. cit., n° 589.

(2) A Rome, le dépositaire infidèle était noté d'infamie. Le dépôt et le commodat étaient deux contrats de bonne foi.

qu'il restitue d'abord, avant même de songer à faire valoir sa propre créance. C'était à lui de ne pas accepter cette charge s'il en redoutait les conséquences.

Il est bien plus difficile d'expliquer le texte en ce qui concerne le prêt à usage. Car ce contrat a toujours un corps certain pour objet, et, d'autre part, il n'y a point de prêt à usage irrégulier. Dans ce contrat la chose prêtée doit être rendue *in ipso individuo* (1875 1877), et si l'emprunteur pouvait rendre une autre chose que celle à lui prêtée, ce ne serait plus le prêt à usage (*commodat*) , ce serait un autre contrat, le prêt à consommation (*mutuum*) (1892).

Pothier ne parlait que du dépôt, et non du prêt à usage. Certains auteurs ont voulu trouver de l'utilité au 2° de l'art. 1293 dans les deux cas : 1° *dépôt régulier* ; 2° *prêt à usage.* Ils ont raisonné ainsi :

La chose, objet de l'un ou de l'autre contrat a pu périr par cas fortuit, c'est-à-dire sans la faute du dépositaire ou de l'emprunteur. Or, l'art. 1302 décide que si le débiteur d'un objet était en demeure il doit des dommages-intérêts pourvu qu'il ne se soit pas chargé des cas fortuits et qu'il ne soit pas établi que la chose aurait également péri chez le créancier. Si l'art. 1293 n'existait pas, les dommages-intérêts se compenseraient avec les sommes dont ce débiteur pourrait être créancier de son déposant ou de son prêteur (1).

(1) Delvincourt, t. II, p. 578.

Il nous semble difficile d'admettre que telle ait été la pensée de la loi, car pourquoi le Code aurait-il prohibé la compensation en pareil cas ? Nous trouvons bien deux dettes de choses fongibles, liquides (quand le jugement aura fixé le montant des dommages-intérêts), et exigibles. Pourquoi rendre impossible la compensation ? Du moment que l'objet déposé ou prêté a péri, le déposant ou le prêteur n'a plus l'espoir d'en obtenir la restitution, et, d'autre part aucune faute n'est imputable au débiteur, puisque nous supposons une perte par cas fortuit. Il y a cependant un cas analogue où l'article pourra s'appliquer pleinement. Il suffit de supposer que la chose a péri par la faute du dépositaire ou de l'emprunteur. Alors, si le contrat était accompagné d'une clause pénale soumettant le débiteur à une peine déterminée, à une somme d'argent par exemple, au cas de destruction de la chose, il y aurait bien deux dettes liquides et exigibles, et l'art. 1293 2° aurait de l'utilité en ce qu'il empêcherait la compensation qui, sans lui, se serait produite. Il vient s'y opposer en décidant que la dette a son origine dans un prêt à usage ou dans un dépôt et que la bonne foi défend de compenser. Remarquons bien ici qu'il y a un motif sérieux pour empêcher la compensation et pour justifier la loi. Si le débiteur avait gardé la chose déposée ou prêtée, non-seulement les principes de l'art. 1293 2° mais encore l'art. 1291 lui-même auraient rendu la compensation impossible, l'une des dettes ayant pour

objet un corps certain. Comment alors expliquer que
sa faute ou sa négligence le mette dans une situation
meilleure que celle que la loi lui aurait faite s'il eût
été diligent et attentionné ? Nul, par son fait ne peut
changer la situation d'autrui ; or la position du déposant comme celle du préteur et de leurs créanciers
était de pouvoir méconnaître la compensation. Pour
faire ressortir l'intérêt de cette décision prenons un
exemple : Primus emprunte à Secundus un cheval ;
on convient que si Primus tue le cheval ou le blesse,
il paiera une somme de 2000 francs à titre de peine,
et l'on ajoute, si l'on veut, la clause mentionnée dans
l'art. 1139. Primus qui devra rendre l'objet de ce
prêt se trouve en même temps créancier de Secundus
d'une somme de 2000 francs. Puis, par maladresse,
il tue le cheval, et il se trouve qu'au moment où il
aurait dû le restituer à Secundus, Secundus est tombé
en déconfiture. Si Primus pouvait invoquer la compensation entre la dette née du prêt à usage et sa
propre créance il serait intégralement payé. Si la
compensation lui est refusée, il devra d'abord payer
les dommages-intérêts en totalité, sauf à venir ensuite
au marc le franc, pour sa propre créance, avec les
autres créanciers de Secundus. — Or s'il avait gardé
soigneusement le cheval, objet du prêt, la compensation lui aurait été refusée (le cheval étant un corps
certain). Comment alors pourrait-il, s'il le fait périr,
invoquer le bénéfice de la compensation sous prétexte
que devant maintenant des dommages-intérêts, les

deux dettes sont désormais liquides et exigibles ? Sa faute ne peut lui assurer un bénéfice au détriment des autres créanciers de Secundus (1). Qu'on ne dise pas que la compensation serait néanmoins possible en se fondant sur ce qu'il y aurait eu une *novation*, et que la cause de l'obligation résulte maintenant des dommages intérêts (2). Ce serait une pure subtilité, car ce qui est certain c'est que la dette résultant de la stipulation des dommages-intérêts n'aurait pu exister sans le contrat de prêt à usage lui-même: cette dette a donc pour origine ce contrat. Voilà comment on peut expliquer l'art. 1293 2° et trouver sa raison d'être.

Nous ne pouvons croire cependant que les rédacteurs du Code aient songé à ces hypothèses en écrivant cet article. Néanmoins, comme le texte existe, on devra l'appliquer en pareil cas. Mais il est bien probable qu'il n'y a eu là qu'une erreur législative. Les rédacteurs de notre Code, après avoir posé dans l'art. 1289 le principe de la compensation légale l'ont perdu de vue quand ils ont écrit l'art. 1293. Ils ont songé à une compensation judiciaire, opposée par demande reconventionnelle.

On sait en effet que, quand les deux dettes n'ont par les qualités voulues pour la compensation légale, les juges peuvent néanmoins les compenser, mais il faut pour cela un jugement ; aussi cette compensa-

(1) M VALETTE, loc. cit.
(2) MARCADÉ, t. IV, *art.* 1293.

tion, qui ne pourrait avoir lieu de plein droit, est-elle dite compensation judiciaire, (ce qui comprend la compensation par demande reconventionnelle et la compensation facultative, comme nous le verrons dans la suite). Ceci étant présent à leur pensée, les législateurs ont décidé que les juges ne pourraient prononcer la compensation dans certains cas énumérés dans l'art. 1293, à cause du caractère de la dette qui a sa source dans un contrat de bienfaisance, reposant sur une idée d'humanité , et engendrant une dette d honneur. Il y a eu donc une confusion dans leur esprit entre la compensation légale et la compensation judiciaire. Prenant pour point de départ la constitution xiv de Justinien (1) et l'interprétant dans un sens tout autre que celui qu'elle renferme, (trompés en cela par nos anciens jurisconsultes), ils ont admis une compensation *légale* et ensuite ils ont reproduit les décisions de cette constitution relatives à la spoliation et au dépôt, décisions nécesssaires si l'on part du principe de la compensation *judiciaire*, mais inutiles avec celui de la compensation légale. Justinien avait dit au juge : « Désormais vous compenserez sans qu'il soit besoin que ce pouvoir vous ait été donné par une *exception*, mais vous ne le pourrez faire dans les cas de dépôt et de spoliation. » Cette prohibition était indispensable sous l'empire

(1) *Code, Const.* 14, h t. (4, 31).

d'une compensation judiciaire, car le pouvoir de compenser étant donné au juge, il aurait pu prononcer la compensation dans tous les cas, sauf dans ceux exceptés formellement par la loi. Il était donc tout naturel d'énumérer des exceptions. La compensation était admise sous Justinien même pour les dettes de choses *non fongibles* (pourvu qu'elles fussent liquides et exigibles). Nous en trouvons la preuve dans la loi 11 (Code Depositi. 4, 34). « Si quis vel *pecunias*, « vel *res quasdam* per depositionis acceperit titulum, « cas volenti et qui deposuit, reddere illico omnibus « modis compellitur, *nullamque compensationem*, vel « deducationem vel doli exceptionem opponat. » Puisque la compensation ne peut avoir lieu par exception, dans l'hypothèse d'un dépôt d'un corps certain, c'est que la règle générale était qu'elle pouvait avoir lieu même pour les dettes de corps certains.

Mais les rédacteurs du Code Napoléon ayant admis une compensation légale, ne se produisant qu'autant que les dettes auraient les qualités de fongibilité, de liquidité et d'exigibilité requises par la loi (1291), il était inutile de venir faire des exceptions que les principes généraux entraînaient déjà par voie de conséquence. La disposition de notre texte est donc complétement superflue.

Quant au prêt à usage, ils en ont parlé, trompés par l'analogie qu'il présente avec le dépôt. La constitution de Justinien n'en parlait pas et Pothier (1) se gardait bien d'y faire allusion (2).

Toullier a donné de cet article une autre explication, en tant qu'il concerne le prêt à usage ; — d'après lui (3), l'exception relative à ce contrat a pour objets des choses se consommant *primo usu*, et que l'emprunteur reçoit *ad pompam vel ostentationem*. Par exemple, si un receveur, qui veut tromper les inspecteurs, emprunte *ad pompam vel ostentationem* des sacs d'argents pour tenir lieu, pendant le temps de l'inspection, de ceux qui lui manquent et qu'il devrait avoir dans ses coffres. — « Cette dette, dit-il, *étant fongible*, serait sujette à compensation si l'art. 1293 2° ne s'y était pas opposé. »

L'erreur de Toullier est manifeste ; elle a pour cause la confusion qu'il fait entre les choses *fongibles* et celles qui se consomment *primo usu*. Certes, un sac d'écus emprunté *ad pompam et ostentationem* est une chose qui se consommerait *primo usu*, mais ce n'est pas pour cela une chose fongible, c'est l'intention des parties qui donne aux choses fongibles leur qualité ; c'est la nature même des choses qui fait qu'elles se consomment *primo usu*. Or, ici, l'inten-

---

(1) POTHIER, n° 589, 2°, op cit.

(2) MM. TOULLIER, VII, 387. DURANTON, XII, 419 — VALETTE, loc. cit. — AUBRY et RAU, III, § 327, note 4. — DESJARDINS, op. cit., p. 412.

(3) TOULLIER, VII, 383.

tion des parties était, non pas que le débiteur pût se libérer après avoir dépensé les écus prêtés et en les remplaçant par d'autres, formant la même somme ; ce serait là un autre contrat ; le prêt à consommation. Le débiteur et le créancier ont entendu faire porter le contrat sur un corps certain ; il devra, en conséquence, être restitué sans avoir changé de nature.

On a voulu expliquer ce texte en disant que les rédacteurs du Code ont eu la même idée fausse que Toullier et ont confondu les choses fongibles entre elles avec celles qui se consomment *primo usu* (1).

Ceci nous explique, d'après ces auteurs, pourquoi la loi défend la compensation dans le cas de prêt à usage ; mais cette explication est bien divinatoire, et rien dans le texte ne révèle que telle ait été la pensée du législateur.

L'art. 1293 2° met l'emprunteur et le dépositaire sur la même ligne, en ce sens que ni l'un ni l'autre ne peut opposer ce qui lui est dû en compensation de ce que le contrat de dépôt ou de *commodat* l'oblige de restituer. Mais *le dépositaire* a de plus que l'emprunteur à usage un bénéfice spécial : il peut exercer le *droit de rétention* de la chose déposée jusqu'à ce que le prêteur l'ait remboursé des frais par lui faits pour conservation de cette chose (2). Le motif de cette

(1) MM. Aubry et Rau, III, § 327, Desjardins, loc. cit. p. 414.
(2) *Art.* 1885 *et* 1948 *combinés.*

différence entre les deux cas, c'est que l'emprunteur reçoit un service purement gratuit, tandis que le dépositaire en rend un (1). Certains auteurs ont cependant accordé le même droit de rétention au commodataire (2). Mais les art. 1948 et 1885 C. N. condamnent leur système. Pothier, du reste, que les législateurs de 1804 ont si souvent suivi en matière d'obligations, ne parlait que du dépositaire, et encore, pour que ce droit de rétention puisse être exercé, fallait-il que la cause de la créance du dépositaire procédât du dépôt même ; « comme lorsqu'il est « créancier pour les dépenses qu'il a été obligé de « faire pour la conservation du dépôt (3). »

Le dernier alinéa de l'art. 1293 exclut la compensation dans le cas d'une dette « qui a pour cause des aliments déclarés insaisissables. » Ceci s'applique à toutes les créances d'aliments que les lois ou une disposition de l'homme auront déclarées insaisissables (581 C. pr.) (4).

Cette disposition a pour base un motif d'humanité. Il ne faut pas que le débiteur se voie enlever par son créancier une somme destinée à sa nourriture. Pothier (5), d'après Sébastien de Méd. (6) déclare que « les aliments étant chose nécessaire à la vie, ce

(1) M. Duranton, t. XII, n. 450.
(2) Toullier, VII, n° 383. — *Vinnius select. quæst*, 195.
(3) Pothier, *Tr. des oblig.*, n° 589, 2° *in fine*.
(4) Marcadé, t. IV, n° 832.
(5) Pothier, op. cit., n° 589, 3.
(6) Séb. de Médicis (*Tract. de Comp.*, 1, § 14).

« serait une espèce d'homicide que commettrait celui
« qui est chargé de les fournir, s'il les refusait sous
« quelque prétexte quê ce fût, même de compensa-
« tion : *necare videtur qui alimenta denegat* (1). »

C'est dans le même esprit que la loi déclare ces
aliments insaisissables dans l'art. 581 C. pr. — Ce
texte nous donne le motif juridique de la décision du
3° de l'art. 1293. De même que la clause d'insaisissabilité empêche la saisie que pourraient faire les
tiers, de même elle empêche la compensation de
s'opérer entre une semblable créance et celle que
pourrait avoir celui auquel sont dus les aliments. Si
en effet il est impossible de me contraindre à effectuer
un paiement avec une somme qui a été destinée à me
procurer des aliments, la compensation ne sera pas
possible davantage, car c'est une sorte de paiement,
paiement *brevi manu*. Il suit de ce principe que l'insaisissabilité étant la cause de la prohibition de compenser, quand cette insaisissabilité aura cessé, la compensation pourra désormais avoir lieu, par voie de
conséquence. Ainsi, les provisions alimentaires peuvent
être saisies pour cause d'aliments (582 C. pr.). Il en
résulte d'abord que la compensation pourra parfaitement se produire entre deux créances alimentaires.
De même le fournisseur qui a vendu des aliments à
Primus et qui, par conséquent, est devenu créancier
pour cette cause, aura le droit de se faire payer sur
la pension alimentaire de Primus, ou de retenir une

(1) Loi XIV, au *Code (de agnoscendis, lib. 25, 3).*

partie de cette pension pour se désintéresser, dans le cas où il en serait lui-même débiteur. Car, bien loin de détourner par là cette pension de l'emploi auquel elle était destinée, on ne fait que l'utiliser selon son but. Cette compensation serait légale au cas où, devant par exemple une pension alimentaire de 100 hectolitres de blé, le débiteur serait devenu créancier de 50 hectolitres de blé de la même qualité et bonté, comme ayant hérité de celui qui avait fourni ces 50 hectolitres au créancier de la pension alimentaire, et pour sa subsistance; il y aurait extinction jusqu'à due concurrence.

Dans le cas où deux époux plaident en séparation de corps, le président indique à la femme une maison où elle sera tenue de résider pendant le procès ; il fixe en même temps, s'il y a lieu, la pension alimentaire que le mari sera obligé de lui payer pendant la durée de ce procès (265 C. N.). Si le mari qui doit cette pension a donné à sa femme des aliments depuis le moment où elle a quitté la maison conjugale, il devient par là créancier et peut opposer cette créance en compensation de la provision alimentaire dont il a été constitué débiteur.

La jurisprudence admet, même en dehors des cas que nous venons de parcourir, la saisie partielle des pensions alimentaires (pour toutes créances), s'il y a eu dol du débiteur, s'il a exagéré frauduleusement ses ressources afin d'engager un tiers à lui faire un prêt.

Le 3° de l'art. 1293 nous semble rédigé d'une façon incomplète. A le prendre à la lettre, il faudrait décider que la compensation est impossible *dans le seul cas* de provisions alimentaires déclarées insaisissables, Or, nous pensons, d'après les art. 851 et 852 C. pr. qu'il doit en être de même de toutes les dettes de choses insaisissables. En effet, si le créancier ne peut exiger le paiement d'une semblable dette, comment pourrait-il y avoir compensation légale puisqu'elle est une sorte de paiement ? Quand elle a lieu, les deux parties peuvent s'en prévaloir ; or, si l'une d'elles ne peut exiger le paiement, comment pourrait-elle exiger la compensation ? Il en résulterait une saisie sur une chose insaisissable ; « la compensation amènerait ainsi « le paiement forcé sur une somme sur laquelle je « ne puis être contraint (1). »

Mais si la compensation n'est pas admise à l'égard des choses insaisissables, elle sera possible, par voie de conséquence, dans tous les cas exceptionnels où la loi a permis de saisir ces objets (582, C. pr.).

Nous avons ainsi terminé l'énumération de l'article 1293. Mais il y a d'autres cas que ceux indiqués dans cette énumération, où la compensation ne peut non plus s'effectuer. Laissant de côté les cas de renonciation que nous retrouverons, il a toujours été admis, même dans l'ancien droit, que la compensation légale est interdite en matière d'impositions publiques. Déjà à Rome il en était ainsi, comme nous

(1) MARCADE, t. IV, n° 832. — PENET, t. XIII, p. 283.

l'avons exposé (1). On peut se demander pourquoi ce cas n'a pas été ajouté à ceux de l'art. 1293, où il aurait eu cependant sa raison d'être bien plutôt que l'exception relative au dépôt et au prêt à usage. Les travaux préparatoires nous donnent le motif du silence de la loi sur ce point ; ce n'est point par inadvertance qu'il n'en a point été parlé. Cambacérès en fit l'observation au Conseil d'État, mais Bigot–Préameneu, tout en approuvant la proposition de Cambacérès, au fond, dit qu'on ne pouvait cependant y faire droit, attendu que le Code (comme l'indiquait son titre) ne devait s'occuper que du droit civil (2).

Mais en dehors de ce cas, et pour tous ceux où nous considèrerons l'état comme créancier ordinaire et pourvu qu'il soit représenté par la même régie, pour la créance et la dette, nous pensons que la compensation aura son plein et entier effet, car il n'y a aucun motif pour décider autrement : il en était du reste ainsi en droit romain (3).

§ VI. — *La compensation ne peut avoir lieu au préjudice des droits acquis à des tiers.*

La loi, après avoir posé ce principe au commencement de l'art. 1298, en donne immédiatement une application, dans la suite du même texte par forme

(1) Loi III, *Code* (h. t., 4, 31).
(2) Locré, t. XII, p. 185.
(3) Toullier, t. VII, n° 379. — Merlin, *Rép. V° Comp.*

d'exemple. La compensation est comme un paiement, c'est là l'idée fondamentale ; aussi n'est-elle admise que là où le paiement le serait lui-même. Or, l'art. 1242 décide que le paiement ne peut être fait au préjudice d'une saisie-arrêt ; Du jour où Primus, créancier de Secundus, fait entre les mains de Tertius (débiteur de son débiteur Secundus) une saisie-arrêt, le paiement, et il en est de même de la compensation, ne peut plus désormais être fait valablement par Tertius à Secundus. — Par la saisie-arrêt, le droit de Primus devient plus solide ; il s'assure que le tiers-saisi gardera par devers lui ce qu'il doit à Secundus, et en conséquence, il met le montant de cette créance à l'abri de la prodigalité de Secundus, lequel ne peut plus le céder (du moins jusqu'à concurrence des causes de la saisie), sauf recours contre le cessionnaire s'il survient de nouvelles saisies-arrêt, et que le cédant Secundus ait cédé le surplus de sa créance, l'excédant des causes de la saisie (1).

Cependant la saisie-arrêt ne confère aucun droit de préférence au saisissant sous l'empire du Code de procédure, à la différence de ce qui avait lieu dans l'ancienne coutume de Paris. Mais après que le jugement de validité de cette saisie aura été rendu, les autres créanciers qui viendraient pour opérer de nouvelles oppositions passeraient après Primus ; c'est donc le jugement seul qui fixe les droits de Primus,

(1) M. Colmet Daage, sur Bollard, II, p. 222.

et lui assure son paiement. Jusque-là, les créanciers de Secundus peuvent faire aussi opposition, et ils concourront avec lui. Or, le tiers-saisi, s'il est créancier de son créancier Secundus, pourra, après qu'une saisie-arrêt aura été faite entre ses mains, indiquer dans la déclaration dont parle l'art. 573. C. pr. qu'il est devenu créancier de Secundus, et déposer au greffe le titre de cette créance. Il devra alors, ce semble, signifier son intention au saisissant, car il est dans l'esprit de la loi que ce premier saisissant soit averti. Ce procédé est indiqué par M. Duranton, et il est bien conforme à l'esprit de la loi, car le tiers-saisi ne peut faire une saisie-arrêt sur lui-même (1). Il y aura alors compensation légale entre la créance de Secundus et celle de Tertius. Supposons, par exemple, que la créance saisie-arrêtée soit de 40,000 fr., que la saisie arrêt de Primus s'élève à la même somme, que Tertius se trouve lui-même créancier de Secundus de 40,000 fr., et qu'il n'y ait pas d'autres oppositions. Comme le premier saisissant n'a pas de privilége, Primus et Tertius viendront au marc le franc. Leurs créances étant égales, ils viendront prendre chacun moitié de la somme due à Secundus (car ne pouvant venir chacun pour la totalité « *concursu partes fiunt* »), Primus prendra 20,000 fr. ; quant à Tertius, sa créance de 40,000 fr. sera de plein

(1) Duranton, t. XII, p. 413.

droit éteinte, jusqu'à concurrence de 20,000 fr., par la compensation.

Si après la saisie-arrêt, le saisi contracte d'autres dettes, les créanciers nouveaux pourront saisir-arrêter du chef de Secundus entre les mains de Tertius. La saisie-arrêt ne créant aucun privilége, le créancier saisissant qui est purement chyrographaire est, comme tel, exposé à voir diminuer son gage par toutes les obligations que pourra contracter son débiteur. « La saisie-arrêt ne peut interdire au saisi le « droit de contracter de nouvelles dettes, dit M. Colmet Daage, à moins que Primus ne prouve que « ces créances sont entachées de fraude et devra « subir leur concours (1). »

La compensation ne peut nuire aux droits acquis à des tiers. Nous venons de voir une première applicacation de ce principe, mais il en entraîne un grand nombre d'autres. Nous avons étudié l'art. 1295 d'après lequel le cédé qui a accepté la cession ou bien auquel elle a été signifiée, ne peut plus invoquer la compensation qui viendrait à s'opérer entre lui, et le cédant à l'encontre du cessionnaire.

Ce ne sont pas là les seuls cas que l'on puisse citer. Ainsi, l'acquéreur d'un immeuble hypothéqué qui se trouverait créancier du vendeur ne pourrait invoquer contre ce vendeur la composition légale et lui dire : comme acheteur, je suis débiteur d'un prix;

(1) M. Colmet Daage, sur Bottard (t. II, p. 833). M. Duranton, loc. cit.

mais comme créancier, j'ai le droit d'exiger de vous une somme de tant. Nos deux dettes sont donc éteintes par compensation jusqu'à due concurrence (art. 1290). Il est clair qu'il ne peut tenir ce langage, car alors il serait payé intégralement de sa créance, quoique simple chyrographaire, tandis que les créanciers hypothécaires qui ont assuré leurs droits par les garanties que leur offrait la loi, seraient évincés. Ils ont un droit acquis sur le prix de cet immeuble.

Lorsque celui qui était débiteur d'un failli devient lui-même créancier de ce failli dans la période fixée par le tribunal de commerce comme étant celle de la cessation des paiements ou dans les dix jours qui ont précédé cette époque, la compensation sera-t-elle possible ? L'art. 446 (C. c.) déclare *nuls* relativement à la masse lorsqu'ils auront été faits pendant la période fatale, les paiements d'une dette *non échue,* même le paiement « *par compensation.* » La loi n'a point entendu parler ici de compensation légale, puisque cette compensation n'existe qu'à la condition que les deux dettes soient exigibles, tandis qu'il est question d'une dette *non échue.* Il est vrai que le jugement déclaratif de faillite rend exigibles les dettes à terme, et, en conséquence, par suite de l'effet de ce jugement, il semblerait que les conditions nécessaires à la compensation se réalisant, elle serait dé-

(1) MM. Duranton, XIII, n° 314. — Aubry et Rau, II, § 326, note 28. — Marcadé, t. IV, n° 816. — *Paris,* 23 *avril* 1824. *J. du Pal.* 1824. — *Tr. de la Seine,* 23 *juin* 1823, *J. du P.*

sormais possible. Mais nous avons vu que ce serait retourner la loi des faillites contre ceux pour la protection desquels elle a été faite. L'art. 446 (C. c.) n'a donc voulu parler que d'une compensation conventionnelle qui aurait pu intervenir entre le failli et l'un de ses créanciers à l'effet d'avantager ce dernier au détriment des autres. Aussi, la loi a-t-elle défendu, en pareil cas, le paiement d'une dette non échue, et, par similitude, la compensation d'une semblable dette. Ceci ressort du reste clairement des travaux préparatoires de la loi.

Il en est autrement des dettes *échues*. Comme le paiement de ces dettes est permis, même pendant la période fatale, (pourvu qu'il soit fait en espèces ou effets de commerce), si le failli se trouve, à cette époque, créancier et débiteur d'une même personne, et que, d'ailleurs, les deux dettes soient liquides et exigibles, et aient les qualités requises par la loi, la compensation légale les éteindra de plein droit, car c'est un paiement abrégé.

Mais si le failli se trouve, actuellement débiteur d'une personne débitrice envers lui d'une dette à terme, et que le terme de cette dernière ne doive arriver qu'après le jugement déclaratif de faillite, comme les deux dettes n'ont pas les qualités requises pour la compensation légale, et que d'ailleurs la compensation conventionnelle est interdite pour les dettes non échues, par l'art. 446 C. c. le créancier du failli ne pourra invoquer la compensation, et viendra

au marc le franc avec les autres créanciers de la masse;
il ne pourrait pas renoncer au bénéfice du terme et
offrir de payer de suite en monnaie de compensation,
car il nuirait par là aux droits acquis à des tiers (1),
droit consacrés par l'art. 446, C. c.

Il est bon de remarquer que l'on ne suivra cependant pas toujours ici les règles que commanderait un
raisonnement logique poussé à l'extrême, car certaines considérations d'équité devront être prises en
considération. Ainsi, à propos du principe d'après lequel, en cas de faillite, le débiteur d'une dette exigible
doit la payer intégralement, sauf à venir au marc le
franc avec les autres créanciers de la faillite, pour la
créance, non exigible encore lors du jugement déclaratif, qu'il pourrait avoir contre le failli, nous signalerons une dérogation admise dans la pratique commerciale et qui s'explique en droit et en équité.

Supposons que j'assure pour 200,000 fr. les marchandises que j'ai mises sur tel vaisseau, moyennant
une prime de 20,000 fr. que je paierai à Pierre,
l'assureur, et que Pierre tombe ensuite en faillite. Si,
postérieurement au jugement déclaratif de la faillite
de Pierre, le navire fait naufrage, j'ai le droit d'exiger
l'indemnité, mais je devrai d'abord payer la prime de
20,000 fr. La masse de la faillite pourrait-elle me
dire : votre prime était exigible avant le jugement

(1) *Cass.* 10 *juillet* 1832. *J. du Pal.* 1832. — *Cass.*
27 *avril* 1846, *J. du Pal.* 1846.

déclaratif, vous devez donc la payer ; vous ne pouvez en effet la compenser avec la créance que vous avez contre Pierre, car cette créance n'étant pas exigible avant le sinistre, et ce sinistre n'étant advenu qu'après le jugement déclaratif, toute compensation est impossible. Vous viendrez donc seulement (pour votre créance résultant du dommage causé aux objets assurés) au marc le franc avec les autres créanciers.

Un pareil langage blesserait profondément l'équité, bien qu'il soit la conséquence logique des principes qui régissent les faillites.

La compensation doit donc être admise, car si la masse de la faillite exigeait le paiement de la prime de 20,000 fr., sans donner en même temps les 200,000 fr. que le failli aurait dû payer à cause de la destruction des biens assurés, elle exigerait l'accomplissement d'un contrat qu'elle refuserait ellemême d'exécuter (1). Or l'art. 1184 du Code Nap., en décidant que la condition résolutoire est sousentendue dans les contrats synallagmatiques, a voulu éviter tout ce qu'il y aurait d'indélicat à voir une des parties se prévaloir d'un contrat qu'elle méconnaîtrait en même temps.

Ainsi, en droit romain, le pupille ayant contracté avec un tiers *sans l'auctoritas* de son tuteur, si le pupille poursuivait l'autre partie, elle pourrait lui

____

(1) M. RATAUD à son cours.

répondre : je suis liée, et suis prête à exécuter mon obligation, mais je ne le ferai que si vous, de votre côté, vous exécutez pleinement l'engagement corrélatif que vous avez pris envers moi (1). Ceci nous montre que pour que l'un des contractants puisse demander l'exécution en contrat, il faut qu'il soit prêt lui-même à le remplir (2). On pourrait citer nombre de cas où la compensation violerait des droits acquis, et où, en conséquence, la loi ne la permet pas. Citons seulement, pour terminer sur cette matière, une hypothèse qui nous semble encore rentrer dans cette prohibition.

La dot, sous tous les régimes, est le bien apporté par la femme au mari pour supporter les charges du ménage (1540). Or, si nous nous plaçons par exemple sous le régime dotal, nous remarquerons que le caractère de dotalité impose à certains biens la destination spéciale de subvenir aux charges du ménage, à l'entretien de la famille. Supposons donc que la femme, s'étant constituée en dot certaines valeurs, sans clause d'emploi au contrat, le mari ait, avec ces deniers dotaux, et pour en faire un placement à son gré, acquis un immeuble pour sa femme. Cet immeuble ne deviendra pas inaliénable, alors même que le mari aurait fait mettre une stipulation à cet égard dans l'acte d'acqui-

(1) M. DEMANGEAT (cours de dr. rom., t. II, p. 370).
(2) M. FRÉD. DURANTON, loc. cit., p. 377.

sition, le contrat de mariage ne contenant pas de clause d'emploi (1553). Aussi pourra-t-il le vendre à son gré s'il pense qu'il doit le faire comme bon administrateur. Or, si la femme se trouve débitrice d'un tiers et que le tiers précisément se rende acquéreur de cet immeuble, pourra-t-il compenser le prix d'acquisition de cet immeuble avec la créance qu'il est en droit d'exercer contre la femme ? Évidemment non. Ce serait détourner les valeurs dotales de leur véritable destination. Au lieu de servir à supporter ces charges du ménage, les obligations naissant de la vie commune, ces valeurs serviraient à acquitter une dette de la femme. Ce serait violer un droit acquis au mari (1540, 1549). Or la compensation ne peut avoir cet effet, d'après notre article 1293 (1).

(1) M. LAROMBIÈRE, op. cit., art. 1293, n° 9. — *Cassat. 16 août 1837 et 21 janv. 1842.*

CHAPITRE II

**Comment s'opère la compensation légale ; ses
effets ; inconvénients qui en résultent.**

Lorsque toutes les conditions ci-dessus sont remplies, il y a lieu à compensation légale.

Comment a-t-elle lieu? — L'art. 1290 répond à
notre question : « La compensation s'opère de plein
« droit, par la seule volonté de la loi, même à l'insu
« des débiteurs ; les deux dettes s'éteignent réci-
« proquement à l'instant où elles se trouvent coexister
« à la fois, jusqu'à concurrence de leurs quotités
« respectives. »

La compensation a donc lieu de plein droit, par la
seule volonté de la loi ; elle équivaut à un paiement
légal. Il faut conclure de ce principe qu'aucune formalité judiciaire n'est requise ; la seule coexistence
des deux dettes les éteint. Si l'une d'elle dépasse
l'autre, la compensation n'éteint la plus forte que
jusqu'à concurrence du chiffre de la plus faible. Il
résulte de là que, malgré l'art. 1244, la compensation forcera un créancier à recevoir un paiement
partiel.

De ce que la compensation équivaut à un paiement,
Il faut conclure, ainsi que le porte l'art. 1297, que
l'on appliquera à ce mode d'extinction des obligations

les règles relatives à l'imputation des paiements, inscrites dans les art. 1253 et suivants. Le débiteur de plusieurs dettes a, d'après cet art. 1253, le droit « de déclarer, lorsqu'il paie, quelle dette il entend « acquitter. » Si donc Primus est créancier de deux dettes, l'une hypothécaire, l'autre chyrographaire, et que Secundus ait, contre Primus, une créance dont le montant égale la créance chyrographaire de Primus, tandis qu'elle est très-inférieure au montant de la créance garantie pour l'hypothèque, Secundus n'en aura pas moins le droit de forcer Primus à recevoir un paiement partiel de la plus avantageuse de ses créances, tandis qu'il aurait été intégralement payé, par la compensation, de la créance chyrographaire. Ceci est très-dur pour le créancier, mais telle est la loi ; la combinaison des deux articles 1290 et 1297 ne permet pas de décider autrement (1).

D'après l'art. 2082 (C. N.), le débiteur qui a donné à son créancier un gage comme sûreté de sa créance, ne peut exiger la restitution du gage, « qu'après « avoir entièrement payé, tant en principal qu'in-« térêts et frais, la dette pour sûreté de laquelle le « gage a été donné. » Or, supposons les deux créances inégales ; celle du créancier gagiste dépassant l'autre. La compensation éteignant les deux dettes jusqu'à concurrence seulement de la plus faible, le créancier gagiste ne pourrait être forcé de

(1) N. VALETTE, loc. cit.

restituer l'objet engagé qu'après que l'autre créancier aurait acquitté la partie de la dette que la compensation n'a pas éteinte. Il résulte encore de ce
principe de l'article 1290 que la compensation met
fin aux poursuites et arrête la prescription, alors
même que le débiteur invoque la compensation à un
moment où, sans elle, la prescription serait depuis longtemps accomplie (1). Un autre effet du principe de la
compensation légale, c'est que l'incapacité des deux
parties ou de l'une d'elles, n'y fait pas obstacle, et
que les intérêts cessent de courir aussitôt que les
dettes ont coexisté (2). Lorsque l'une des deux
créances n'est éteinte qu'en partie, cette créance
peut être cédée pour la partie subsistante (1295).
Les priviléges, hypothèques et cautionnements sont
anéantis par la compensation, car ces droits, étant
les accessoires de créances qui n'existent plus, suivent
le sort du droit principal. Si donc l'une des parties a payé, malgré la compensation, elle n'a plus le
droit d'exercer l'ancienne créance, excepté dans le
cas d'erreur (1299). Nous avons déjà effleuré ce
point dans une hypothèse où l'une des parties, au
lieu de payer, avait accepté par erreur la cession
d'une créance déjà éteinte par compensation, et nous
avons appliqué l'article 1299 à ce cas, grâce à la similitude qui existe entre cette hypothèse et celle de

(1) MM. Aubry et Rau, t. II, p. 328.
(2) MM. Aubry et Rau, t. II, § 326.

ce texte. Nous y reviendrons à propos de la renonciation à la compensation.

Il s'élève ici une question qui sera diversement résolue selon que l'on interprétera d'une façon ou d'une autre l'article 883 Code Napoléon. Il s'agit de savoir si la compensation aura lieu entre une créance qu'une succession a contre un tiers, et la créance que ce tiers a acquise, depuis la formation des lots, contre l'un des héritiers si la créance héréditaire a été mise pour la totalité au lot d'un autre héritier.

Ceci dépend du plus ou du moins d'extension que l'on donnera à l'article 883 (C. N.). Est-il ou non applicable aux créances ?

Si *oui*, il y a dans l'attribution de la créance au lot d'un seul des héritiers un véritable partage ;

Si *non*, il y a une cession de la part des autres cohéritiers.

Prenons une hypothèse afin de mieux saisir la difficulté. Primus et Secundus sont tous deux héritiers d'une succession à laquelle Tertius doit 10,000 fr. En vertu de l'article 1220, la créance se divise entre les deux héritiers. Puis, on met au lot de Primus la totalité de cette créance. Tertius, débiteur de la créance héréditaire, devient alors créancier de Secundus d'une somme de 10,000 fr.

1° S'il y a *cession*, Secundus est un cédant pour moitié de cette créance ; or pour que la cession soit opposable à Tertius le cédé, il faut qu'elle lui ait été signifiée ou qu'il l'ait acceptée par acte authentique

(1295-1690). Si donc cette formalité n'a pas été remplie, la créance a continué de résider pour moitié sur la tête de Primus, et pour moitié sur celle de Secundus. Tertius pourra donc opposer à Primus la compensation pour la moitié appartenant à Secundus, car Primus n'a pas été saisi de la totalité de la créance. En effet, les compensations qui peuvent être opposées au cédant par le cédé, sont opposables au cessionnaire son ayant-cause, tant que les formalités qui doivent transférer la créance cédée sur la tête du cessionnaire n'ont pas été remplies.

2° Au contraire, s'il y a là un *partage*, il serait inutile qu'une notification ou une acceptation ait lieu. Si Tertius, depuis la mise au lot de Primus de la créance héréditaire est devenu créancier de Secundus, cela n'influera en rien sur la position de Primus, lequel est censé avoir toujours été propriétaire de cette créance et le tenir du défunt : elle n'a donc jamais appartenu à Secundus, aucune compensation du chef de ce dernier ne peut donc être invoquée contre Primus.

Nous pensons que l'art. 883 n'est pas applicable aux créances, et que, par conséquent, la mise au lot de Primus de la totalité de la créance héréditaire est une véritable cession, d'où dérivent les conséquences que nous avons indiquées. C'est pour le même motif que nous déciderions, sans hésiter que le paiement fait par Tertius, le cédé, entre les mains de Secundus le cédant, est opposable au cessionnaire Primus, jusqu'à concurrence de la part de Secundus, tant qu'il n'y a eu ni notification, ni acceptation de la cession.

En effet, l'art. 883 ne peut être applicable qu'aux objets susceptibles d'être partagés et non à ceux dont la loi a déjà effectué le partage. Or l'art. 1220 renferme le principe d'un partage légal des créances, (c'est-à-dire par la seule force de la loi). Elles se trouvent divisées de plein droit entre chacun des cohéritiers, et, par conséquent, il ne saurait être question de les diviser de nouveau : on ne peut partager que ce qui est dans l'indivision (1).

L'art. 883 qui contient le principe de l'effet déclaratif du partage ne doit pas être étendu. On doit plutôt l'interpréter restrictivement. Il est si vrai que tel est l'esprit de la loi que, dans l'article suivant (884), elle abandonne cette fiction d'après laquelle on suppose qu'il n'y a jamais eu d'aliénation, et que chaque cohéritier est censé avoir toujours été seul propriétaire des objets compris dans son lot, et les tenir du défunt lui-même (2) ; en effet, ce texte porte que si l'un des cohéritiers est évincé de ces objets, il a un recours en garantie contre ses cohéritiers, pourvu que l'éviction ait une cause antérieure au partage,

---

(1) MM. Duranton, t. VIII, 165, 519. — Valette, loc. cit. — *Contra*, Marcadé : *art.* 883, n° 5, t, III, — Aubry et Rau, t. V, § 635, n° 8. — *Cassat.* 20 *décembre*, 1818. *Le droit*, 22 *déc.* 48. — Toullier (t. VI, n° 578).

(2) M. Bugnet à son cours.

qu'elle n'ait pas été prévue dans l'acte de partage, et
que l'éviction ne résulte pas de la faute de l'évincé
(884). C'est donc qu'il n'en a pas toujours été propriétaire, autrement quel droit aurait-il contre ses
cohéritiers?

On nous oppose (1) l'art. 832 dont on nous reproche
de ne pas tenir compte. L'art. 832 veut qu'on mette
autant que possible, des créances dans chaque lot, ce
qu'indique qu'elles sont susceptibles d'être partagées.
L'art. 1220 n'indique et ne veut prévoir qu'une situation tout à fait provisoire, et que le partage régu-
larisera.

Cet argument nous semble étendre l'art. 832 hors
du cas spécial en vue duquel il a été écrit. Cet article
n'a pas d'autre but que celui d'indiquer la manière
dont les lots doivent être faits. Comme l'égalité parfaite est très-difficile à maintenir dans la distribution
des lots, l'art. 832 propose de mettre une créance
tout entière dans l'un des lots pour les égaliser. Ce
texte n'est donc pas, à notre avis, relatif au partage.
Le débiteur qui veut invoquer la compensation
légale n'a qu'une preuve à faire; celle de l'existence
de sa propre créance. Il la fera par témoins si la
créance ne dépasse pas 150 fr., et par écrit, dans le
cas contraire.

Mais si la première créance ne dépasse 150 fr. et
a cependant été constatée par écrit, exigera-t-on aussi

_____

(1) M. Bufnoir à son cours.

un écrit pour la preuve de la créance qui se compenserait avec elle et qui ne dépasserait pas 150 francs ?

Lorsqu'un écrit a été dressé pour constater une obligation on doit appliquer les règles de l'art. 1341 (C. N.) d'après lequel il n'est reçu aucune preuve testimoniale « contre et outre le contenu aux actes ni sur ce qui « serait allégué avoir été dit *avant, lors* ou *depuis* les « actes, encore qu'il s'agisse d'une somme moindre « de 150 fr. »

Ces mots *avant* et *lors* rentrent dans la partie précédente de l'article qui prohibe la preuve testimoniale *contre* et *outre* le contenu aux actes. Car si je veux prouver quelque chose qui a été dit *avant* l'acte ou *lors* de l'acte, je veux prouver *contre et outre* son contenu : il était plus simple de rédiger l'écrit en ce sens, et de constater par là tout ce dont on est convenu ; on aurait ainsi obtenu une preuve littérale de ce qui s'est dit avant ou lors de l'acte ; l'écrit aurait tout relaté à la fois : et la convention, et les modifications apportées à cette convention avant ou pendant la rédaction de l'acte ; l'idée de la loi est celle-ci : Vous rédigez un écrit, mettez-y tout ce dont vous convenez.

Le mot *depuis* prévoit un autre cas et était utile à ajouter au texte. On aurait pu être indécis sur le point de savoir si les conventions intervenues depuis que l'acte a été dressé, et ne dépassant pas 150 fr. pourraient se prouver par témoins (1341, 1°), car on n'aurait ainsi contesté l'acte en aucune façon ; on aurait seulement demandé à prouver que, depuis cet acte, une nouvelle convention est intervenue.

Mais l'article décide qu'un écrit est nécessaire, (même si la convention ne dépasse pas 150 fr.) pour pouvoir prouver ce qui serait allégué avoir été dit depuis l'acte. La compensation qui intervient depuis l'acte par lequel un débiteur n'est obligé à payer une somme de 100 fr., doit-elle être soumise à cette règle? Il est inutile de se demander si la compensation elle-même doit être prouvée par écrit, la loi l'opérant par sa seule volonté, il n'y a pas d'écrit à dresser poru sa constatation. Nous nous demandons seulement si le débiteur, devenant créancier de son créancier d'une somme de 100 fr., la compensation légale éteindra les deux dettes, alors même que la deuxième n'aurait pas été prouvée par écrit, la première l'étant.

Il nous semble que la loi, en exigeant une preuve littérale des conventions intervenues depuis l'acte originaire, n'a pas voulu viser de simples faits qui peuvent se passer depuis cet acte et pour l'exécuter. Ainsi d'abord, le débiteur d'une somme de 100 fr. pour la constatation de laquelle il a été dressé un écrit, pourra payer sans exiger une quittance écrite, car il pourra prouver sa libération par témoins, d'après la règle de l'art. 1241 1°. Il est vrai qu'il n'est reçu aucune preuve testimoniale de ce qui serait allégué avoir été *dit* depuis l'acte. Mais dans l'hypothèse du paiement, y a-t-il rien de semblable? Le débiteur dira:

je n'allèguepas qu'il ait été *dit* quelque chose depuis l'acte ; je ne veux ni le restreindre, ni l'étendre, je ne veux le modifier en aucune façon : je veux l'accomplir. Ce raisonnement nous semble convaincant, car la lecture attentive de notre texte nous prouve que l'esprit de la loi est bien de n'exiger d'écrit que pour les *conventions* intervenant postérieurement à l'acte dans le but d'y apporter quelque changement, comme le serait l'adjonction d'un terme pour le paiement, ou la diminution du taux de l'intérêt, etc. Pour ces cas, et d'autres semblables, incontestablement il faudrait un écrit à l'effet de modifier l'acte originaire ; car, pour prouver ces modifications, il faudrait bien alléguer qu'il a été *dit,* c'est-à-dire *convenu* quelque chose depuis l'acte.

Ce que nous venons d'observer relativement au paiement doit aussi, sans contredit, se dire de la compensation. En effet, quand deux dettes co-existent, (pourvu qu'elles aient les qualités requises), elles s'éteignent de plein droit jusqu'à due concurrence (1290). Le Code ne dit pas : il faut que l'une soit constatée par écrit si l'autre l'est également.

Quand donc Secundus, débiteur de Primus, allègue qu'il est devenu créancier de Primus d'une somme ne dépassant pas 150 fr. dont il a hérité, par exemple, d'un créancier de Primus, alors même que Secundus n'aurait pas d'écrit constatant sa créance, tandis que son créancier aurait eu la précaution d'en dresser un pour la sienne, il doit être entendu quand il invoque la compensation légale, et demande à prouver par témoins l'existence de la créance de son auteur, car il n'allègue pas qu'il a été dit quelque chose depuis l'acte primitif : il n'invoque aucune convention depuis cet acte entre lui et son créancier Primus. Il recourt à une disposition favorable de la loi qui s'est produite sans le concours des volontés de l'un et de l'autre, par le seul fait de la co-existence des deux dettes (1).

Nous avons ainsi une idée de la manière dont se produit la compensation légale et de ses principaux effets.

Cette compensation a lieu alors même que les parties ignorent qu'elles sont réciproquement créancières et débitrices l'une de l'autre ; car la compensation étant un effet non de la volonté des parties, mais de la loi, la connaissance que peuvent avoir les parties de l'existence des deux dettes est superflue.

L'art. 1296 nous a dit qu'il est également inutile que ces dettes soient payables au même lieu. Nous avons eu l'occasion de parler de cet article et de constater qu'il contient une dérogation à la condition de liquidité posée par l'art. 1291.

Enfin (à la différence de ce qui avait lieu en droit romain, dans les actions de bonne foi, à l'origine du système de procédure formulaire), il n'est pas nécessaire que les créances soient nées *ex eadem causa*. S'il en était autrement dans la législation romaine,

____

(1) M. VALETTE, loc. cit. — Conf. MARCADÉ, art. 1341 (t. V).

cela tenait à la procédure : le juge ne pouvant con--
naître que des questions dérivant du contrat même
qui lui était soumis.

Qu'il nous soit permis, en terminant ce chapitre
relatif à la manière dont s'opère la compensation légale, et à ses effets, de critiquer le principe même de
cette compensation et de signaler les inconvénients
qui résultent d'une semblable institution, inconvénients
que la compensation judiciaire aurait évités et dont
le Code lui-même a aperçu le plus choquant.

La compensation légale, nous l'avons dit, éteint les
dettes à l'insu des parties. Or, il se peut que l'une
d'elles ayant une juste cause d'ignorer sa créance,
acquitte une dette éteinte par la compensation. Le
principe de l'art. 1290 ôterait alors à ce débiteur
le droit d'exercer l'ancienne action avec ses accessoires, (hypothèques, cautionnements, etc.) et ne lui
laisserait plus qu'une *condictio indebiti* à l'effet de
répéter ce qu'il aurait indûment payé. Aussi, pour
éviter ce résultat qui serait une criante injustice, les
rédacteurs du Code ont-ils dû écrire l'art. 1299 qui,
en pareil cas, réserve l'ancienne action avec tous ses
accessoires, toutes ses garanties. N'est-ce pas là une
dérogation bien considérable au principe ? Et ne
valait-il pas mieux établir une compensation judiciaire
que d'apporter une pareille exception, nécessaire, il
est vrai, mais qui détruit en partie la règle ? La compensation judiciaire ne se produisant que si elle est
demandée en justice aurait évité cet inconvénient, et

l'injustice que l'art. 1299 a voulu empêcher n'aurait
pu se produire. Car, si la compensation était judiciaire,
Primus réclamant sa dette, si Secundus ignore qu'il
est lui-même créancier de Primus, il sera, il est vrai,
condamné à payer, mais la compensation n'ayant pas
été invoquée, quand Secundus connaîtra sa créance,
il assignera Primus en paiement et aura évidemment
conservé sa créance avec tous ses accessoires. Si au
contraire la compensation a été invoquée les deux
dettes seront éteintes, car le juge ne les pourra méconnaître. Ce principe de la compensation légale a
reçu encore une dérogation dans l'art. 1294 *in fine*,
et a été mis de côté. Pourquoi le débiteur solidaire ne
pourrait-il pas invoquer la compensation légale de ce
que le créancier doit à son co-débiteur ? La compensation ayant lieu par la seule volonté de la loi, du
moment où l'un des co-débiteurs est devenu créancier
du créancier commun, la dette solidaire est éteinte :
voilà où mènerait le principe. L'art. 1294 qui décide
tout autrement et vient priver l'une des parties du bénéfice résultant de l'art. 1290, n'est-il pas une dérogation regrettable, si l'on se place au point de vue
de la pureté des principes? On viendra bien nous
dire que chaque débiteur, en pareil cas, s'est exposé
à faire l'avance de la totalité de la dette et qu'il ne
peut rejeter ce fardeau sur un autre. Soit, c'est là une
disposition équitable ; mais cela prouve que l'art.
1290 est bien peu conforme à l'équité, puisqu'il cadre
si mal avec cette disposition. Que devons-nous con-

clure de là si ce n'est que cette compensation légale est contraire à la justice puisqu'on est obligé à chaque pas d'en tempérer les conséquences par des dispositions restrictives ?

Sous l'empire d'une compensation judiciaire, il n'y aurait eu rien d'inconséquent à interdire au juge de compenser en pareil cas (1294), car tout dépendant de son appréciation, il ne compenserait que les dettes qui devrait équitablement l'être. Les rédacteurs du Code songeaient même, malgré eux, à la compensation judiciaire, tant cette compensation est préférable, tant l'idée de la compensation légale est peu naturelle ! — Ainsi, sans parler des dérogations que nous venons de relever, ils ont complétement perdu de vue l'idée de la compensation légale, quand ils ont écrit l'art. 1293 2°, du moins d'après l'explication que nous avons présentée de ce texte. C'est la mauvaise interprétation que nos anciens jurisconsultes donnèrent du système romain qui est la cause de l'adoption de la théorie contenue dans l'art. 1209

Il n'y a que pour la cessation du cours des intérêts que le principe admis par la loi soit équitable. Mais on aurait pu y suppléer tout en admettant la compensation judiciaire. A Rome où elle avait ce caractère, les intérêts cessaient également du jour de la coexistence des deux lettres en vertu d'une disposition spéciale de Septime-Sévère (1). Rien n'aurait empêché de

(1) *Lois* 11 *et* 12, D. b. t. (16, 2).

suivre cet exemple si l'on avait adopté la véritable doctrine du droit romain.

CHAPITRE III

Renonciation à la compensation légale.

La renonciation peut avoir lieu avant que la compensation ne se soit produite ; les parties peuvent être convenues de ne pas se prévaloir de la compensation quand elle aura lieu, ou bien la renonciation peut intervenir après la compensation opérée.

Aussi devons-nous distinguer soigneusement ces deux hypothèses et les étudier séparément.

§ I*r*. — *Les parties ont renoncé d'avance à la compensation.*

Cette renonciation leur est permise, car chacun peut renoncer aux bénéfices que la loi lui a accordés, et *on peut,* par des conventions particulières, déroger aux lois qui n'intéressent ni l'ordre public, ni les bonnes mœurs (art. 6, C. N.). Ceci n'est pas admis par tout le monde sans contestation. Ainsi Toullier (1) déclare nulle la clause par laquelle on renoncerait ainsi à une compensation « *in futurum* », « c'est

(1) TOULLIER, t. VII, n° 293.

« qu'on ne peut, dit-il, renoncer d'avance à la
« prescription, quoiqu'on puisse renoncer à une
« prescription acquise. » Cet argument *a simili*
n'est guère fait pour convaincre, quelle assimilation
peut-on établir entre la compensation et la prescription ? Celle-ci est d'ordre public, car on a pu dire
avec vérité : *« præscriptio patrona est generis humani »*
et l'art. 2220 (C. N.) prononce d'ailleurs la nullité
de toute stipulation qui aurait pour but d'y renoncer
à l'avance. Celle-là, au contraire, est faite dans un
intérêt tout particulier. Aucune disposition de la loi
ne vient (comme l'art. 2220 le fait pour la prescription), interdire cette renonciation à la compensation future. — Quand la loi veut défendre une
convention ou tout autre acte, elle prend la peine de
le dire formellement. C'est ainsi que les art. 791,
1389 et 2220 (C. N.) s'opposent à certaines renon-
ciations qui violeraient les principes fondamentaux
de notre droit. Mais aucune prohibition de ce genre
n'étant édictée à l'égard de la compensation, et cette
extinction des obligations ayant lieu dans un intérêt
privé, nous sommes fondés à dire que les parties en
faveur desquelles la loi avait admis ce mode d'extinction, peuvent convenir à l'avance qu'elles n'en feront
pas usage. Aussi, disons-nous que la loi autorise la
renonciation à la compensation ; elle ne sera pas
seulement, en conséquence, opposable aux parties,
à la différence de ce qui se passe pour une renonciation à la compensation déjà accomplie ; car elle

résulte d'un contrat, et l'art. 1132 porte que nous
contractons pour nous et nos ayants-cause (1).

§ II. — *Renonciation à une compensation opérée.*

Cette renonciation peut être faite expressément ou
tacitement : *expressément* si les parties conviennent
de ne pas se prévaloir de la compensation qui a lieu ;
tacitement, si l'une des parties paie la dette déjà
éteinte par compensation, ou accepte la cession de la
créance que l'autre partie avait contre elle, après
que la compensation aura éteint les deux créances.
— Cette renonciation est licite, cela ne fait aucun
doute et résulte même de l'art. 1299. Mais elle sera
loin d'avoir les mêmes conséquences que celle qui
intervient avant toute compensation et que nous
venons d'examiner au paragraphe précédent. Il faudra distinguer, en outre, entre les cas où elle aura
lieu en pleine connaissance de cause de la part des
deux parties, et celui où l'une d'elles se sera trouvée
dans l'erreur et n'aura réellement pas eu l'intention
de la faire. Notre art. 1299 prévoit ces deux cas
différents :

« Celui qui a payé une dette qui était de plein
« droit éteinte par compensation, ne peut plus, en
« exerçant la créance dont il n'a pas opposé la com-

(1) MM. Aubry et Rau, t. II, n° 574 note 1. Fréd. Duranton
loc. cit. — Delvincourt, II, p. 792. Desjardins, op. cit,,
p. 453.

« pensation, se prévaloir, au préjudice des tiers, des
« hypothèques qui y étaient attachées, à moins qu'il
« n'ait une juste cause d'ignorer la créance qui devait
« compenser sa dette. »

Il résulte d'abord de ce texte que les parties
peuvent parfaitement renoncer à une compensation
opérée ; et ensuite que cette renonciation n'est pas
opposable aux tiers. Cette distinction est de toute
justice, car si celui qui a renoncé à une compensation (alors que, en éteignant les deux dettes, cette
compensation a détruit par voie de conséquence leurs
accessoires), pouvait encore poursuivre son créancier
avec son ancienne créance, fortifiée par toutes ses
garanties, il lèserait les droits acquis aux tiers : la
compensation a lieu par la seule volonté de la loi, et
les deux créances étant éteintes par ce mode, les tiers
peuvent invoquer une extinction qui résulte de la loi
elle-même. « Il n'a pu être en mon pouvoir, dit
« Pothier, en vous payant volontairement une dette
« éteinte par compensation de cette dette avec la
« créance que j'avais acquise contre vous, de ressus-
« citer ma créance et les hypothèques qui y étaient
« attachées, au préjudice des créanciers qui me sui-
« vaient, et du droit de priorité en hypothèque qui
« leur avait été acquis par la compensation qui avait
« détruit nos créances respectives. » Il y a là une
res inter alios acta vis-à-vis des tiers, aussi l'article
1299 défend-il de leur causer par là préjudice. *(1)*

(1) Pothier, loc. cit.

Ainsi, nous avons déjà vu que le cédé qui a accepté la cession d'une créance que le cédant avait contre lui, ou bien auquel cette cession a été signifiée ne peut plus invoquer la compensation qui avait détruit *ipso jure* les deux créances, ni opposer au cessionnaire la compensation opérée entre lui, cédé, et le cédant. Nous avons toutefois réservé le cas *d'erreur*, c'est-à-dire le cas où le cédé, en acceptant, avait une juste cause d'ignorer la compensation, et nous avons appliqué à ce cas l'article 1299. Mais, hors ce cas d'erreur, opposer au cessionnaire la compensation, serait faire valoir contre un tiers la renonciation à une compensation opérée, ce qui est impossible.

Notre texte distingue, nous l'avons dit, entre le cas où la renonciation a eu lieu par erreur et celui où elle a été faite en parfaite connaissance de cause par les deux parties.

I. Supposons d'abord que c'est sous l'empire de l'erreur que la renonciation s'est produite ; par exemple, l'une des parties a payé l'autre après que les deux dettes étaient éteintes par compensation.

Alors, nous dit l'art. 1299 *in fine,* cette renonciation ne pourra nuire à celui qui l'a faite sans intention, trompé par une erreur excusable ; aussi la compensation sera-t-elle considérée comme non avenue, et le *solvens* pourra, en conséquence, agir contre l'autre partie avec son ancienne créance, à laquelle demeurent attachées toutes les garanties dont elle était munie. De plus, comme il a acquitté

13

une dette qui n'existait plus, il a payé l'indu, et, en conséquence, il a aussi la *condictio indebiti*. Ces deux actions lui sont donc ouvertes ; il a le choix entre l'une et l'autre.

M. Delvincourt, cependant, a soutenu que, même en pareil cas, (c'est-à-dire même si le renonçant avait une juste cause d'ignorer la compensation), les privilèges et autres droits accessoires n'en sont pas moins éteints, et qu'il ne subsiste plus dès lors que les droits qui résultent de l'ancienne créance et qui ne réfléchissent pas contre les tiers : ainsi, il peut être fait usage par le renonçant du titre exécutoire qui garantissait l'ancienne créance : à l'égard des tiers, en un un mot, il n'y pas de compensation (1).

Tel n'est pas le sens de l'art. 1299 *in fine*. La lecture seule de cet article nous force invinciblement à décider que l'ancienne créance tout entière subsiste en pareil cas ; « *A moins* qu'il n'y ait eu une juste « cause d'ignorer, » dit cet article. C'est donc que si cette cause d'ignorance existait, la première disposition de l'article ne devrait pas recevoir d'application : « *A moins* » indique une dérogation à ce qui précède. Les précédents historiques nous prouvent que tel est le sens de notre disposition. Pothier et les rédacteurs du Code ont eu évidemment sous les yeux l'œuvre de cet éminent jurisconsulte qui décidait très-positivement que la compensation ne doit pas ici avoir lieu, et cela

(1) M. DELVINCOURT (op. cit.).

même à l'égard des tiers. Il s'appuyait sur ce que, la compensation étant une fiction de la loi d'après laquelle les parties sont toutes deux payées, aussitôt qu'elles sont devenues créancières et débitrices l'une de l'autre, cette fiction, tout à fait en leur faveur, n'a lieu qu'autant qu'elle ne leur serait pas nuisible d'après cette maxime : « *Beneficium legis non debe esse captiosum.* »

Or ce bénéfice de la loi serait dangereux si, par cela seul qu'on n'a pas eu connaissance de la compensation, on devrait éprouver une déchéance. C'est d'après ces motifs que la dernière phrase de l'art. 1299 a été écrite, et que l'on a ainsi consacré une dérogation à la règle que la compensation a lieu de plein droit même à l'insu des parties, règle qui cesse de s'appliquer si les parties ont été dans une ignorance, reposant sur des motifs sérieux, de l'inexistence de la compensation. On a ici sacrifié les tiers, mais comme on l'a dit à bon droit : « La cause de la bonne foi doit l'em-« porter sur celle de leurs intérêts (1). » La coexistence des deux dettes, en droit strict, aurait dû amener leur extinction, mais cela aurait été, dans notre hypothèse, contraire à l'équité. « Cela suffit pour « que les dettes soient réputées subsister encore pour « servir de fondement aux priviléges et hypothèques « qui y sont attachés (2). »

<hr>

(1) M. LAROMBIÈRE, op. cit., t. III, p. 725.
(1) M. DURANTON, t. XII, p. 565.

Voilà donc suffisamment établi ce premier point : l'erreur donne à celui qui s'est trouvé sous son empire, l'avantage de garder son ancienne créance et tous ses accessoires. Mais il peut arriver que la *condictio indebiti* serait plus avantageuse que l'ancienne créance : tel serait le cas où cette ancienne créance ne serait pas accompagnée d'aucune garantie, tandis que d'une part celui qui a reçu paiement malgré la compensation, l'*accipiens*, se trouverait de mauvaise foi, et que, de plus, cette ancienne créance ne porterait pas d'intérêts. *L'accipiens* alors devra restituer, (1378). « Tant le capital que les intérêts ou les fruits « du jour du paiement. » Tandis que l'exercice de l'ancienne créance ne lui aurait procuré que le capital, puisque, dans notre hypothèse, elle ne portait pas d'intérêts (2).

Cette *condictio indebiti* est évidemment ouverte au *solvens*, cela ne fait pas de doute, puisque l'art. 1376 accorde la *condictio* à ceux qui ont payé. Le bénéfice spécial que la loi présente dans l'art. 1299, ne peut enlever au *solvens* l'avantage qu'il tient du

---

(1) Le Code, à la différence du droit romain, considère celui qui a reçu l'indu comme un *possesseur*. A Rome on l'assimilait à un *débiteur*. Aussi, tandis que si la chose était frugifère, il devait restituer les fruits (considérés comme des parties se détachant de la chose), il ne devait restituer que le capital, s'il s'agissait d'une somme d'argent, car le *mutuum* ne permet pas d'exiger d'intérêts. Comme chez nous c'est un possesseur, s'il est de bonne foi, il fait les fruits siens : sinon il les doit restituer (M. VALETTE, loc. cit.).

droit commun. La plupart des auteurs lui accordent,
du reste sans difficulté, cette *condictio indebiti* (1).

II. Ce qui est plus contesté, et ce qui, du reste,
est extrêmement délicat, c'est de savoir quelles actions seront ouvertes à la partie qui aura renoncé à
la compensation en parfaite connaissance de cause,
et à laquelle dès lors on ne pourra faire application
de la dérogation favorable contenue dans la fin de
notre art. 1299. Pourra-t-elle, désormais, exercer
l'ancienne créance, mais à la condition, bien entendu,
de ne pas se prévaloir des garanties accessoires de
cette créance à l'encontre des tiers, ou n'aura-t-elle
plus que la *condictio indebiti* ? Ainsi pourra-t-elle
employer contre son adversaire le titre exécutoire qui
constatait son ancienne créance d'une façon énergique,
ou bien encore pourra-t-elle assigner cet adversaire
devant le Tribunal de Commerce si l'ancienne créance
était commerciale? Faudra-t-il au contraire ne lui
accorder que la *condictio indebiti*, action toute nouvelle ?

L'art. 1299 ne réservant que les droits des tiers, il
en résulte que, du moment qu'on ne viendra pas les
inquiéter, le renonçant pourra, malgré sa renonciation, exercer son action primitive. Les termes mêmes
de la loi nous attestent que telle est sa décision : « celui
« qui a payé.... ne peut plus, *en exerçant la créance*
« *dont il n'a point opposé la compensation*, se préva-

_____

(1) MM. Aubry et Rau, II, § 166.

« loir au préjudice *des tiers....* etc. — » Il pourra
donc bien *exercer cette ancienne créance,* car ce que
la loi lui défend, c'est seulement de porter préjudice
aux tiers en l'exerçant. En un mot, pourvu qu'il ne se
serve pas « des priviléges et hypothèques qui y
« étaient attachés, » il pourra agir par sa créance
primitive. Nous ajouterons cependant qu'il ne pourra
non plus se servir du cautionnement qui la garantissait, bien que la loi ne parle que des priviléges et des
hypothèques. Mais cela va de soi, car en invoquant
ce cautionnement, il préjudicierait à un tiers : *la cau-*
tion. Or il y a la même raison de décider pour elle
que pour les autres tiers. La loi est du reste toujours
favorable aux cautions (1).

Exemples : les art. 1294 et 2028.

Mais le renonçant n'aura pas seulement l'exercice
de son ancienne action (sous réserve des droits des
tiers) ; il aura de plus une *condictio indebiti.* De sorte
qu'il aura le choix entre ces deux actions.

Nous venons de voir que son droit à l'action primitive est établi par l'art. 1299 quant à la *condictio in-*
debiti; elle lui est accordée par les principes spéciaux
à cette matière et il n'y aurait aucun motif pour la lui
refuser ici (2).

(1) MM. F. DURANTON, loc. cit. p. 871. — DESJARDINS, op. cit.
p. 415. — *Contra, Paris* 10 mai 1826 *J. du Pal.* 1836. Cet
arrêt n'accorde que la *Condictio indebiti.*
(2) M. LAROMBIÈRE (op. cit., 1297, n° 7). — MM. AUBRY et
RAU (t. II, § 329, note 7), n'accordant la *condictio indebiti* qu'à
celui qui a payé par erreur.

On nous objecte, il est vrai, l'art. 1377. Ce texte, nous dit-on, n'accorde cette *condictio* qu'à celui qui était dans l'erreur, or, nous nous plaçons ici dans l'hypothèse où les parties savaient l'existence de la compensation.

Cette objection repose sur une mauvaise interprétation des art. 1376 et suivants. — Les art. 1376 et 1377 prévoient deux cas tout à fait différents. L'art. 1376 suppose que l'on a payé une dette *qui n'existait pas* ; alors il décide que le paiement ne vaut rien, et qu'il peut y avoir répétition, qu'il y ait ou non erreur de l'*accipiens* On ne parle pas de celle du *solvens* ; on présume seulement qu'il n'a pas voulu donner. L'art. 1377 prévoit une hypothèse toute différente. Il suppose que l'*accipiens* a reçu *ce qui lui était dû, mais d'un autre que du débiteur*, alors il faut que le *solvens* soit dans l'erreur et prouve cette erreur, car on pourrait légitimement présumer qu'il a voulu payer la dette d'autrui. Or, dans notre question, il s'agit du premier de ces cas ; du cas prévu par l'art. 1376, car le débiteur a payé une dette qui n'existait plus, dette que la compensation avait éteinte. Alors, peu importe qu'il ait ou non été dans l'erreur ; cela ne doit pas nous occuper, l'art. 1376 ne distinguant pas. Il est clair que si j'ai payé une chose que je ne dois pas, je suis en droit d'en exercer la répétition, alors même que j'aurais su en payant n'être pas débiteur, car je ne puis être légitimement présumé avoir voulu donner. L'*accipiens* garderait sans cause ce que je lui aurais ainsi remis ; or nul ne doit s'enrichir aux dépens d'autrui. —L'art. 1235, 1° dispose que ce qui a été payé sans être dû est sujet à répétition. Cela ne veut pas dire que celui qui a payé et qui prétend l'avoir fait in dûment doit prouver qu'il n'était pas débiteur : ce texte ne s'occupe pas d'une question de preuve ; c'est l'art. 1376 qui s'occupe de ce point. Cela signifie seulement que le paiement n'est pas valable si la dette qui a été payée n'existait pas (1). Croire que le *solvens* a voulu donner, serait une idée essentiellement fausse : on peut avoir le caprice de remettre une somme à quelqu'un, prétextant la lui devoir, sans pour cela la lui donner (2); du reste remarquons bien que les art. 1235 et 1376 n'exigent pas l'erreur du *solvens* pour accorder la *condictio*, et l'art. 1377 qui exige cette erreur ne statuant pour le cas où il existait réellement une dette, ce qui n'est point l'hypothèse où nous nous trouvons, cet art. 1377 est inapplicable ici, et nous devons conclure, avec les art. 1235 et 1376 que la *condictio indebiti* doit être accordée à celui qui a renoncé à la compensation opérée, même si cette renonciation a été par lui faite en toute connaissance de cause. Donc, soit qu'il ait connu, soit qu'il ait eu une juste cause d'ignorer la compensation, il a toujours l'action primitive, et de plus, la *condictio* à son choix. La seule différence qui

(1) M. VALETTE à son cours.
(2) MARCADÉ, t, IV, 533, 534.

existe donc entre les deux cas, c'est que si le *solvens*
a connu la compensation, il ne pourra exercer l'action
primitive qu'à la condition de ne pas nuire aux tiers,
tandis que, s'il l'a ignorée, il pourra user de cette
action originaire, même au préjudice des tiers (1299).

Il suit de ces principes qu'il y a une grande différence entre le cas où la renonciation à la compensation a eu lieu par erreur et celui où elle a été faite
en toute connaissance de cause. Il sera donc de la
plus haute importance de savoir si, dans notre hypothèse, le *solvens* était sous l'empire de l'erreur, ou
bien s'il a agi sciemment. Faudra-t-il dès lors que le
débiteur *prouve l'erreur*, et ensuite la *juste cause*
dont parle l'art. 1299 ?

Il peut d'abord prouver *son erreur*, puis ensuite la
juste cause de cette erreur (1). Ces deux points de
fait dépendent de l'appréciation souveraine du magistrat. Nous ne dirons donc pas que l'erreur, l'ignorance, constituent un fait négatif, il est impossible
d'en faire la preuve. Ceci est faux. La preuve d'un
fait négatif est parfaitement possible, car toute néga-
tion sérieuse se résout par une affirmation (2). Si
je vous ai payé hier une somme de 1000 fr. ignorant
que j'ai hérité la veille d'une personne à qui vous
deviez une pareille somme, mon ignorance sera clairement établie si je prouve que je n'ai pu recevoir

(1) TOULLIER, VII, p. 725.
(2) M. VALETTE à son cours.

qu'aujourd'hui la nouvelle de cette mort arrivée avant-hier. Il serait par trop commode de rejeter sur l'autre partie le fardeau de la preuve, « et d'im-« poser le rôle actif dans la procédure à la partie qui « ne réclame que le maintien du *statu quo !* A ce « compte les propositions les plus insoutenables « seraient les plus commodes à alléguer, puisque « l'impossibilité même de les prouver mettrait la « preuve contraire à la charge du défendeur ! » (1). « — Le demandeur, dans toute action, doit faire la preuve, ce principe que le fardeau de la preuve incombe au demandeur est consacrée par l'art. 1315. — Le *solvens* ne sera donc dispensé de faire la double preuve (et de son ignorance, et de la juste cause de cette ignorance), que s'il prouve d'abord *la juste cause* de l'ignorance ; s'il prouvait d'abord son erreur, cela ne suffirait pas, car il doit démontrer aux juges que cette erreur est excusable. — Mais s'il commence par établir la juste cause de son ignorance, cela sera suffisant et cette preuve fera présumer l'ignorance elle-même (2).

Jusqu'ici nous avons supposé que le paiement a été fait et reçu en connaissance de cause par *l'accipiens*. Que décider au cas où il a reçu ce paiement par erreur ? Le *solvens* n'a pu priver l'autre partie du droit d'invoquer la compensation. Or, il se pour-

(1) M. Bonnier, *Tr. des preuves*, t. 1, p. 40.
(1) Toullier, t. VII, p. 725. — M. Larombière, loc. cit.

rait que la compensation eût été plus profitable pour cette partie que le paiement.

Exemple : Primus doit 100 à Secundus avec intérêt, et Secundus doit la même somme à Primus sans intérêts. Secundus paie Primus si ce paiement formait une renonciation à la compensation opposable aux deux parties, Secundus aurait le droit d'agir contre Primus et d'exiger les 100 qui lui sont dus, plus les intérêts, puisque la compensation n'aurait pas eu lieu, et qu'en conséquence, la dette de Primus envers Secundus n'ayant pas été éteinte, continuerait à porter des intérêts, mais comme ce paiement fait par Secundus priverait Primus du bénéfice de la compensation (laquelle aurait éteint les deux dettes), Primus pourra réclamer cette compensation, car elle constitue un droit que les deux parties peuvent invoquer, puisque c'est la loi elle-même qui éteint les deux dettes. Mais il ne pourra exercer ce droit qu'en restituant ce qu'il a reçu, c'est-à-dire en remettant tout dans l'état existant avant le paiement (1).

La renonciation à la compensation ne se présume pas : « renuntiatio est strictissimæ interpretationis ». Celui qui ne l'a pas invoquée en première instance peut l'invoquer en appel (464, C. pr.). De même celui auquel *on signifie* la cession d'une créance qui existait contre lui, mais qui est déjà éteinte par com-

(1) M. DESJARDINS, op. cit., *Paris* 10 *mai* 1826, *Sir.* 1826 1, 136.

pensation, ne peutêtre considéré comme ayant renoncé à la compensation opérée antérieurement à la signification. Nous avons étudié ce point et décidé avec l'article 1295 qu'il en serait autrement au cas où il aurait accepté la cession, car la renonciation ressortirait évidemment d'un pareil acte, sauf en cas d'erreur ; alors l'article 1299 *in fine* s'appliquerait (1).

CHAPITRE IV

Compensation judiciaire.

§. I. — *Compensation facultative.*

Lorsque la compensation légale ne peut se produire à cause de la qualité de la créance de l'une des parties (1393), tandis que la créance de l'autre serait parfaitement compensable, la partie dans l'intérêt de laquelle la loi n'a pas admis la compensation légale peut faire prononcer une compensation par justice « en demandant acte au tribunal de l'offre de « compenser; le cours de l'action principal doit être « aussitôt arrêté (2)». C'est cette compensation qui est appelée *facultative* (3). Il faut éviter soigneuse-

(2) M. LAROMBIÈRE, loc. cit.
(1) M. DURANTON, t. XII, p. 465.
(2) Ce nom a été donné à cette compensation par M. Delvincourt, et lui convient très-bien, quoique Toullier préférât l'appeler « Compensation par simple exception (VII, p. 477).

ment de confondre, comme l'a fait Marcadé (1), la compensation *facultative* avec la compensation par demande reconventionnelle. Toutes deux sont *judiciaires*, il est vrai, en ce sens qu'elles doivent être demandées à la justice; mais la différence capitale qui les sépare, c'est que la compensation facultative ne dépend en aucune façon de l'appréciation du juge, tandis qu'il en est autrement de la compensation par demande reconventionnelle. On obtient la compensation facultative en justifiant de la cause de cette compensation, et en l'opposant comme moyen de défense, ainsi qu'on ferait d'un paiement allégué. Il suffit d'en demander acte au tribunal pour qu'il doive l'accorder (2).

On comprend que si le seul obstacle à la compensation se trouve dans une dispositon de la loi établie en faveur d'une des parties, cette partie pourra, en renonçant à ce bénéfice, arriver à la compensation, l'obstacle se trouve ainsi écarté.

Concluons de ce principe que le consentement de l'autre partie serait nécessaire si cet empêchement était dans l'intérêt des deux parties: le débiteur d'une dette à terme ne pourrait, en conséquence, dans le cas où le terme aurait été stipulé en faveur du créancier (art. 1167) opposer la compensation facultative sans que le créancier y consentit.

(1) MARCADÉ, t. IV, p. 851.
(2) TOULLIER, VII, n° 398. — MM. DURANTON, XII, p. 570. — AUBRY et RAU, II, p. 156. — LAROMBIÈRE, t. III, p. 679.

Le débiteur d'une rente ne pourrait, par la même raison, opposer en compensation de cette rente une somme exigible inférieure au capital de la rente dont il serait créancier lui-même de son crédi-rentier. Car s'il peut renoncer au bénéfice que la loi lui a accordé en décidant que le capital des rentes n'est pas exigible, il ne pourrait faire cette renonciation et opposer la compensation facultive que si, par cette compensation, le crédi-rentier était entièrement payé de la rente. En effet le créancier ne peut être contraint de recevoir un paiement partiel (1244) (1).

En vain, le débiteur de la rente invoquerait-il l'art. 1290 qui déclare non applicable, en cas de compensation, la règle que le débiteur ne peut forcer son créancier à recevoir un paiement partiel. Cet art. 1290 est un texte exceptionnel et spécial à la compensation légale ; l'appliquer à la compensation facultative serait étendre une règle exceptionnelle et violer ce principe que les exceptions sont de droit étroit.

Puisque la compensation facultative est fondée sur ce motif que celui qui tient de la loi un bénéfice peut y renoncer, pourvu que ce bénéfice ne profite pas en même temps à d'autres personnes, il est clair qu'il ne pourrait dépendre de l'une des parties d'opposer la compensation facultative au préjudice des droits des

---

(1) Dumoulin, *de Usuris*, n° 323. — Valin, *Cout.* de la Rochelle, art. 61, n° 55. — Toullier, VII, n° 405. — Duranton, t. XII, r. 410.

autres parties. Car si la loi qui voit cependant d'un œil favorable la compensation légale n'a pas permis de s'en prévaloir (1295), au préjudice des droits acquis à des tiers, *a fortiori* en sera-t-il de même de la compensation facultative. Ainsi pour ne rappeler qu'un exemple, le débiteur qui serait devenu créancier de son créancier d'une dette de corps certain, par exemple, depuis la saisie-arrêt faite pour un tiers entre ses mains, ne pourrait plus opposer la compensation facultative ; car, en pareil cas (si les deux dettes avaient les qualités exigées par la loi), la compensation légale n'aurait pas pu avoir lieu.

Il résulte de ce principe que si l'une des dettes est de choses fongibles, tandis que l'autre est de corps certains, le débiteur de cette dernière ne peut, en renonçant au droit qu'il avait de ne pas compenser, invoquer la compensation facultative sans le consentement de l'autre partie : autrement celle-ci recevrait en paiement autre chose que ce qu'elle est en droit de recevoir. Il y aurait là une vente forcée, tandis que la vente, comme tout contrat, exige l'accord des volontés (1708-1°). M. Duranton nous indique cependant une hypothèse où cette compensation serait possible. Supposons que je vous doive six pièces de vin déterminées. Ces six dernières forment un corps certain, et les corps certains ne se compensent pas de plein droit avec les choses indéterminées (1291). Mais je pourrais vous opposer la compensation facultative, car « si vous me payiez les six pièces de vin

« que vous me devez déterminément, il me serait loi-
« sible de vous les donner à mon tour en paiement,
« attendu qu'elles font partie de la classe des choses
« dans laquelle je puis prendre ce que je vous dois
« pour vous les payer. Il faudrait encore toutefois
« pour cela que les six pièces de vin ne fussent pas
« d'une qualité tellement mauvaise que vous fussiez
« bien fondé à ne pas les recevoir en paiement (art.
« 1022 et 1246). » (1)

La compensation légale n'a lieu, nous le savons, que lorsque les deux parties sont personnellement et principalement créancières et débitrices l'une de l'autre. Mais la compensation facultative serait-elle admise si le débiteur invoquait contre son créancier, et en compensation de sa dette une créance qu'un tiers aurait contre son créancier pourvu que ce tiers ait donné son consentement? Ainsi je vous dois 1,000 fr. mais vous, vous devez cette somme à Pierre. Ai-je le droit, si Pierre m'y autorise, de vous opposer cette créance en compensation?

Barbeyrac, cité par Pothier, décide que la compensation sera possible, car, « vous étant indifférent
« de recevoir de Pierre ou de moi les 1000 livres que
« je vous dois, il est injuste d'autoriser vos pour-
« suites contre moi pour le paiement de cette somme,
« lorsque Pierre veut bien que vous receviez cette
« somme de lui pour moi en compte de celle que

(1) M. DURANTON, t. XII, p. 507.

« vous lui devez (1). » Papinien, au contraire (2), rejetait cette prétention et refusait en pareil cas la compensation.

Pothier ajoute qu'on pourrait concilier Papinien avec Barbeyrac par une distinction : si la somme que vous devez à Pierre est moindre que celle que je vous dois, vous n'êtes pas obligé de souffrir la compensation, car vous recevriez un paiement partiel. Si, au contraire, les deux sommes sont égales, la compensation vous sera opposable, car vous n'avez pas d'intérêt à ce qu'elle ne se produise pas.

Le débiteur principal ne peut opposer la compensation de ce que le créancier doit à la caution (1294 2°), mais la caution pourrait parfaitement opposer la compensation facultative, car l'article 1294 2° n'apporte d'obstacle à la compensation qu'en faveur de la caution ; elle peut donc renoncer au bénéfice que la loi lui accorde. Le texte de l'article lui-même confirme cette interprétation : c'est au débiteur principal qu'il est défendu d'opposer la compensation, de ce qui est dû à la caution, mais cette défense ne regarde nullement la caution (3).

Si la créance de l'une des parties ne peut, par sa nature, entrer en compensation d'après l'article 1293 Code Napoléon; cette partie peut-elle, en renonçant

(1) Pothier (*oblig.*), n° 360.
(2) Papinien, l. XVIII, § 1, D. h. t.
(3) *Lyon*, 18 *mars* 1831, *Sirey*, 1831, II, 229.

14

à ce bénéfice, se prévaloir de la compensation. Ainsi Primus doit 1,000 fr. à Secundus, mais Secundus a reçu de Primus, à titre de dépôt irrégulier, une valeur de 1,000 fr. Il ne peut y avoir compensation légale. Mais Primus peut-il invoquer la compensation facultative ? Il le pourra, car c'était dans son intérêt seulement que la compensation était interdite (1). Il en serait de même si Primus devant 1,000 fr. à Secundus, Secundus aurait été voler ces 1,000 fr. à Primus. La compensation légale serait impossible, mais Primus pourrait opposer la compensation facultative. De même pour la créance alimentaire, le créancier pourrait renoncer à son bénéfice.

En un mot, et pour résumer, la compensation facultative pourra avoir lieu quand l'obstacle qui s'oppose à la compensation légale n'étant établi qu'en faveur de l'une des parties, celle-ci y voudra bien renoncer.

Elle aura même lieu si l'obstacle, étant en faveur des deux parties, toutes deux consentiront à la compensation. Enfin elle n'aura jamais lieu au préjudice des tiers (1298).

Une question grave qui s'élève à l'occasion de cette compensation est celle de savoir si elle rétroagit au jour de la compensation légale se serait opérée de de plein droit si elle eût été possible (2). Exemple :

(1) MM. Toullier, VII, n° 396, 399. — Delvincourt, II, 581, — Duranton. XII, 383.

(2) MM. Aubry et Rau, § 388, n° 1. — Toullier, VII, 385, 396. — Fréd. Duranton, loc. cit., p. 874. Lyon, 18 mars 1831, Sir. 31, II, II, 229.

J'ai déposé chez vous 3,000 fr. Vous héritez d'une personne à laquelle je dois 3,000 fr. produisant intérêts et hypothéqués sur mon fonds A. Pas de compensation légale en pareil cas, puisque l'article 1293 2° ne l'admet pas en cas de dépôt même irrégulier. Mais cette prohibition étant en faveur du déposant, moi qui ai cette qualité, je puis renoncer à ce bénéfice. Si vous me demandez, au bout d'un an, je suppose, les 3,000 fr. que je vous dois comme héritier de votre débiteur, je puis vous opposer en compensation les 3,000 fr. que vous me devez comme dépositaire. Mais il serait contraire à l'équité que, par cette compensation, je puisse vous priver du droit que vous avez de me réclamer les intérêts qui ont couru depuis le jour du décès de mon créancier. S'il en est ainsi et si cet effet se produit en cas de compensation légale, on le comprend ; les dettes étant éteintes du jour de leur coexistence, et ce, par la seule volonté de la loi ; mais ici, à partir de quel jour votre obligation de dépositaire est-elle éteinte ? A partir seulement du jour où j'ai opposé la compensation, et cela est si vrai que, jusqu'à ce jour, j'aurais pu exiger de vous la restitution du dépôt. L'extinction des deux obligations n'a donc pas lieu, en cas de compensation facultative, par la seule volonté de la loi, mais par celle de l'homme, et si, dans la compensation légale, il est juste que les deux dettes soient éteintes du jour où la loi les a déclarées éteintes, dans la compensation facultative qui résulte de la volonté des parties, les deux dettes ne peuvent cesser d'exister que du jour où cette volonté s'est manifestée.

L'effet rétroactif serait par trop désavantageux au dépositaire. (1)

La non-rétroactivité de la compensation facultative a été consacrée par la jurisprudence, notamment par un arrêt de la Cour de Lyon du 18 mars 1831. Ainsi l'héritier bénéficiaire créancier personnel d'un créancier de la succession peut, sans doute, opposer la compensation de sa créance personnelle à la succession ; mais cette compensation facultative de la part de l'héritier ne s'opère que du moment où elle est demandée ; elle remonte au jour où les deux dettes se sont trouvées exister simultanément. Dès lors, la compensation ne peut avoir lieu au préjudice des droits acquis à des tiers, même depuis le jour où les deux dettes ont existé, mais avant que la compensation fut demandée.

Ainsi, si le créancier de la succession avait cédé sa créance à un tiers, et que les formalités de l'art. 1690 aient été remplies, si le créancier bénéficiaire ne venait opposer la créance personnelle en compensation que postérieurement à l'accomplissement de ces formalités, le cessionnaire ne pourrait se voir opposer la compensation (1295).

Nous avons déjà dit que cette compensation ne peut porter dommage aux tiers, mais on ne peut non

(1) *Lyon, 18 mars 1831, J. du P.,* 1831.

plus y renoncer, une fois qu'on l'a invoquée, au préjudice des tiers ; ainsi dans notre hypothèse, mes créanciers hypothécaires postérieurs en rang à celui dont vous avez hérité, ne pourront se voir opposer cette renonciation, car ils auront un droit acquis à l'extinction de notre créance.

§ II. — *Compensation par demande reconventionnelle.*

Lorsque la compensation légale trouverait un obstacle établi par la loi en faveur de l'une des parties, nous avons vu que cette partie pourra renoncer à la faveur que la loi avait voulu lui faire, et opposer la compensation facultative ; ce n'est pas cependant que l'autre partie n'ait aucun moyen de faire valoir sa créance ; une compensation particulière lui est ouverte par la loi ; nous voulons parler de celle qui se produit par l'effet d'une *demande reconventionnelle* formée par celle des parties dont la créance n'a pas encore les conditions requises pour la compensation légale. Cette matière des demandes reconventionnelles sort de notre sujet, aussi n'en traiterons nous pas tous les points, mais ceux-là seulement qui se rattachent à la compensation. Nous ne parlerons-donc que de la reconvention instituée à l'effet d'arriver à la compensation (1). Nous disons

(1) Les demandes reconventionnelles ne sont pas seulement applicables en cas de compensation (M. Desjardins, p. 495 et 500).

que cette compensation se produira par l'effet d'une demande reconventionnelle, car lorsque la compensation a lieu de plein droit le défendeur qui veut l'invoquer n'a pas de semblable demande à intenter ; il se défend de la même manière qu'il le ferait s'il opposait un paiement ou tout autre mode d'extinction; comme cette compensation détruit les deux créances, l'action qui la garantissait est en même temps détruite. Au contraire, quand on veut opposer une créance que la loi n'a pas compensée avec celle du demandeur, c'est par une véritable demande qu'on agira; les deux créances ayant subsisté, l'action attachée à chacune d'elles subsiste également (1). Lorsque le débiteur poursuivi a lui-même une créance contre son adversaire, et que cette créance n'a pas la qualité de liquidité requise par la loi, il lui est impossible d'opposer la compensation facultative puisque la compensation trouve son empêchement dans un obstacle établi en faveur de son adversaire ; ce dernier, au contraire, peut parfaitement opposer la compensation facultative, c'est même pour un cas pareil que cette compensation a été instituée.

La compensation par demande reconventionnelle est prononcée par le juge qui a, en cette matière, un pouvoir discrétionnaire (2). Aussi s'il s'aperçoit que la créance opposée en compensation n'est pas

(1) M. Duranton, t. XII, p. 570.
(2) *Contra*, M. Desjardins, loc. cit.

d'une liquidation facile, ou même s'il conçoit des
doutes sur son existence, ou bien s'il pense qu'il y a
lieu de croire que la vérification ou la liquidation de
cette créance entraînerait des délais considérables,
il pourra n'en pas tenir compte. Il serait en effet
bien injuste que celui qui vient demander le paiement
d'une créance liquide et exigible puisse voir retarder
son paiement par suite de difficultés soulevées peut-
être par un esprit de mauvaise foi et de chicane,
et uniquement en vue de gagner du temps, car ce
serait réellement convertir une créance exigible en
une créance à terme. Cette possibilité, on peut même
dire cette facilité d'abuser de la reconvention pour
retarder le paiement d'une dette claire et incontestable par une demande reconventionnelle qui com-
porte peut être une discussion de nature à soulever
les questions de droit les plus importantes, les plus
ardues, avait déjà été prévue par Justinien. C'est
pour y porter remède qu'il défend au juge, dans une
de ses constitutions, d'admettre avec trop de facilité
la compensation (1), et qu'il ne l'y autorise qu'à la
condition que la créance sera liquide et non contestable : « *Non multis ambagibus innodata*, sed possit
« facilem exitum sui præstare ; satis enim miserabile
« est... opponi compensationem jam certo et indu-
« bitato debito, et moratoriis ambagibus spem
« condemnationis excludi » Ainsi, dit l'empereur,

(1) *Leg. ult., Code, de Comp.*, 4, 31.

que les juges ne se montrent pas si empressés à
admettre la compensation : « Non procliviores ad
« admittendas compensationes, sed stricto jure
« utentes neq molli animo eas suscipiant(1). » Cette
règle est fort sage, aussi M. Henrion de Pansey (2),
s'inspirant de la constitution impériale que nous
venons de citer, s'exprime ainsi : « Si la demande
« reconventionnelle présentait des difficultés sérieuses
« de nature à entraîner des longueurs considérables,
« il serait de la sagesse du tribunal de la renvoyer
« devant son juge naturel, et de statuer définitive-
« ment sur l'action originaire (3). » Les juges feront
donc sagement, s'ils s'aperçoivent de quelque fraude,
de retenir seulement l'affaire originaire, et de prononcer définitivement sur cette demande principale
en renvoyant le jugement de la demande reconventionnelle après qu'elle sera instruite (4).

L'art. 464, C. pr. est la seule disposition de nos
Codes qui se rapporte expressément à la demande
reconventionnelle (5) : « Il ne sera formé en cause
« d'appel, aucune demande nouvelle, à moins qu'il

----

(1) JUSTINIEN n'entendait évidemment parler que de la compensation judiciaire : nous savons qu'il n'y avait pas de
compensation légale à Rome.

(2) H. de PANSEY, *Tr. de l'org. de l'autor. judic.*, p. 195.

(3) *Rennes*, 1er mai 1849, *J. du P.* 1849, t. II, p. 88. —
GUY. COQUILLE. *quæst.* 33.

(4) CAMUS, *obs. sur* FERRIÈRE, *Cout. de Paris art.* 106.

(5) *Lois du 11 avril 1838, art. 2. — Et du 25 mai 1838,*
art. 7 et 8.

« ne s'agisse de compensation, *ou* que la demande
« nouvelle soit la défense à l'action principale. »

L'ancienne coutume de Paris (art. 106) ne semblait
pas permettre la reconvention si elle ne *dépendait* de
l'action principale et si la demande en reconvention
n'était pas une *défense* contre l'action primitivement
intentée; d'où il semble résulter que cette coutume
n'autorisait la reconvention que si les deux conditions suivantes se rencontraient à la fois : 1° si elle
dépendait de l'action; 2° si elle était connexe à la
première demande de telle façon qu'on pût l'opposer par voie de défense. Tels sont les termes de
l'art. 106.

Mais la plupart des auteurs admettent que,
déjà dans l'ancien droit, on n'avait pas interprété
cet art. 106 dans toute sa rigueur, et, de plus,
notre art. 464 n'exige plus le concours des deux
conditions, car au lieu d'employer la conjonctive *et*,
il se sert de la disjonctive *ou* : « *ou* que la demande
nouvelle », dit-il. — Notre texte, tout en décidant
qu'aucune demande nouvelle ne sera portée en appel,
fait exception pour la compensation : « *à moins qu'il
ne s'agisse de compensation.* »

Le demandeur pourra donc invoquer la compensation, même en appel, non pas comme simple moyen
de défense, mais comme une demande, « on ne for-
« mera pas de *nouvelle demande*, si ce n'est en cas
« de compensation. » « Or en cas de compensation,
« on peut invoquer une créance non alléguée jusque-

« là, non-seulement comme défense, mais même
« comme demande (1). » Ceci ressort bien clairement de ces mots de notre art. 464 : « *à moins* qu'il
« ne s'agisse de compensation, *ou* que la demande
« nouvelle ne soit la défense à l'action primitive, »
car si la Cour impériale ne pouvait pas connaître de
la compensation par *demande*, elle ne pouvait en
prendre connaissance que par défense, ce qui rendait
inutile la première partie de notre texte (2).

Quand un débiteur poursuivi par son créancier a lui-
même contre ce créancier une créance non liquide,
comme ce défaut de liquidité empêche la compensation légale et interdit au créancier de la créance non
liquide le droit d'opposer la compensation facultative
(puisque pour pouvoir opposer cette compensation, il
faut que l'obstacle à la compensation légale ait été créé
dans l'intérêt de celui qui renonce à ce bénéfice), il aura
recours à une demande reconventionnelle formée
contre le demandeur lui-même. Il résulte de ce principe que, par cette demande, le défendeur (demandeur à la reconvention) fera liquider sa créance par un
seul et même jugement, si la liquidation en est peu
compliquée, et obtiendra ainsi une compensation par
demande reconventionnelle. Cette demande, comme
l'indique l'art. 307 (C. N.) s'introduira par un
simple acte d'avoué à avoué.

(1) MM. Boitard et Colnet Daage (loc. cit.), art. 464.
(2) MM. Boitard et Colnet D'Aage (loc. cit.), art. 464.

Une simple exception à l'effet de liquider la dette ne suffirait pas en pareil cas pour opposer la compensation. Il faut une demande reconventionnelle. Car, dans cette hypothèse de compensation judiciaire, la loi n'a pas éteint les deux dettes du jour où elles ont coexisté, comme elle le fait pour la compensation légale, — s'il suffit d'une défense dans ce dernier cas, c'est que la loi a éteint les deux dettes, et qu'il suffit que le tribunal *constate* cette exception (1).

Lorsqu'une demande en paiement est formée devant le tribunal de commerce, le défendeur peut-il opposer en compensation par demande reconventionnelle, la créance qu'il aurait contre le demandeur, si l'existence de cette créance dépendait d'une question de droit civil ? Le principe de l'incompétence *ratione materiæ*, qui est d'ordre public, s'y opposerait. Mais il en serait autrement s'il s'agissait simplement d'incompétence *ratione personæ* ; l'intérêt qu'il y aurait à la jonction (diminution des frais, rapidité), est un motif suffisant pour purger ce vice. Dans notre espèce, le défendeur ne pourrait donc pas opposer la compensation, car il violerait une règle *d'ordre public* en portant à la connaissance d'un tribunal de commerce une question réservée exclusivement aux tribunaux civils (2). L'intérêt qui exigerait la jonction des causes n'est pas suffisant pour motiver une interversion dans l'ordre des juridictions.

(1) *Cassat.* 1er *juin* 1851, *Dev.* 51, 1, 740.
(2) BOURDEAU, *Cout. de Boncenne* (t. IV, p. 41).

CHAPITRE V

Compensation conventionnelle.

Si deux parties sont mutuellement créancières et débitrices l'une de l'autre et que les conditions de la compensation légale fassent défaut, les parties pourront, sans l'intervention de la justice, convenir que leurs créances seront éteintes en tout ou en partie : il y a là une convention qui, comme telle, fait la loi des contractants, et réglera les effets de cette compensation.

La compensation conventionnelle, combinée avec la pratique des virements de compte, permet de payer un grand nombre de personnes créancières et débitrice entre elles sans qu'il soit nécessaire qu'elles déboursent la plus petite somme. Ainsi Titius, votre débiteur, pourra vous payer, si vous y consentez, par un virement de compte d'après lequel vous serez libéré envers Séius votre créancier qui se trouvait en même temps débiteur de Titius ; Séius débiteur de Titius, sera aussi libéré de sa dette envers Titius en n'exigeant pas de vous, qui étiez son débiteur, le paiement de sa créance, et Titius sera ainsi libéré envers vous.

En Angleterre, dans les Clearing-Houses, on emploie pour cette libération, un procédé de compensation conventionnelle analogue, qui procure d'immenses avantages. Ce procédé du reste n'est pas d'invention anglaise. La France sur ce point encore a donné l'exemple à l'Angleterre. M. Rouher, dans la séance du 25 mai 1864 au Corps législatif (1) a rappelé que les mandats de virement (*mandats rouges* à la différence des chèques qui sont des mandats blancs), introduits par la banque de France dès 1824, avaient amené des résultats identiques à ceux des Clearing-Houses: ainsi en 1863, le chiffre de virements opérés par la banque de France a atteint 5 milliards (2).

Chacun en Angleterre, ayant son banquier qui touche pour lui tous ses effets de commerce et ses autres créances, et les Anglais ayant l'habitude d'acquitter leurs dettes par des chèques payables chez leur banquier et non chez d'autres, ce sont les banquiers qui sont chargés de payer et de recevoir pour leurs clients. Or pour effectuer tous ces paiements, les banquiers se réunissent au Clearing-House, chacun d'eux additionne ce qu'il doit à ses confrères et ce que ceux-ci lui doivent. La différence qui, d'après la balance générale, subsiste en plus, est payée *par celui* qui devait plus qu'il ne lui était dû, *à celui* auquel on devait plus qu'il ne devait lui-même. Peu importe du reste que ces deux personnes qui, après la compensation générale, se trouvent dans la position de créancier à

(1) *Moniteur du 26 mai 1864.*

(2) BABBAGE, *Tr. de l'écon. des mach.*, 173, 174, *Traduction de M. BIOT.*

débiteur aient été ou non en rapport ensemble avant cette compensation (1). Il y a là une sorte de novation : Primus débiteur de Secundus, lequel est débiteur de Tertius et ainsi de suite jusqu'à Décimus par exemple, n'a qu'à se porter débiteur de Décimus de ce qu'il devait à Secundus, pour que tous les intermédiaires soient libérés; pourvu, bien entendu, qu'on soit convenu de faire cette novation (1273) (2).

Ce paiement de la somme due par celui des banquiers qui, en définitive, reste débiteur de l'un de ses confrères, s'opère par virement de compte. Il n'y a même aucun paiement à faire ; la somme que la banque devait au banquier débiteur, elle la porte au crédit du banquier créancier, jusqu'à concurrence de sa créance. Ceci nous explique comment, malgré d'immenses affaires, on peut se passer d'un Stock métallique considérable.

(1) M. Desjardins, op. cit., p. 470. M. Rataud, *à son cours.*
(2) M. Valette *à son cours.*

POSITIONS

DROIT ROMAIN

I. La compensation dans les actions de droit strict n'est pas une innovation de Marc-Aurèle.

II. Cette compensation avait lieu en vertu de l'exception du dol qui donnait au juge le pouvoir de compenser et ne l'obligeait pas nécessairement à condamner ou à absoudre.

III. La condition de fongibilité n'était pas exigée pour la compensation sous le système formulaire.

IV. Depuis Justinien la compensation eut lieu dans les actions *in rem*.

V. Sous la procédure extraordinaire, comme sous la procédure formulaire, la compensation avait lieu *ex dispari specie*.

VI. La compensation ne devint pas légale, même sous Justinien, (c'est-à-dire n'opérant par la seule force de la loi). Les mots *ipso jure*, de la Constitution XIV (ht. Code) de ce prince, signifient que le juge pourra désormais compenser sans que ce pouvoir lui ait été donné par une exception.

DROIT FRANÇAIS

I. La compensation n'a pas lieu entre deux dettes de denrées différentes.

II. La caution solidaire, comme les autres cautions, peut invoquer la compensation opérée du chef du débiteur principal.

III. Le codébiteur solidaire ne peut opposer la compensation opérée du chef de son codébiteur, pas même pour la part que ce codébiteur doit supporter dans la dette.

IV. La compensation est possible entre la dette du mari envers un tiers et la créance que la femme a contre ce tiers, dans le cas où les époux sont mariés sous le régime dotal, mais cette compensation est facultative et non légale.

V. Si le cédé a accepté par erreur la cession d'une créance éteinte par compensation, il pourra se prévaloir de sa propre créance même contre les tiers par l'art. 1299 *in fine*.

VI. La connaissance que le cédé aurait pu avoir de la cession en dehors des cas indiqués dans l'art. 1690, ne suffit pas pour que le cessionnaire ait acquis la créance à l'égard des tiers, et, particulièrement, du cédé.

VII. Bien qu'il soit possible de trouver une hypothèse où l'art. 1203 2° soit applicable et ait quelque utilité, néanmoins cet article est le résultat d'une confusion faite par le législsteur entre la compensation légale et la compensation judiciaire.

VIII. L'art. 883 C. N., est inapplicable aux créances; en conséquence, la mise au lot d'un des cohéritiers de la créance héréditaire est une cession qui n'est parfaite, à l'égard des tiers qu'après l'accomplissement des formalités de l'art. 1690 C. N. Jusque-là, le débiteur de la succession peut opposer à celui qui a reçu la créance dans son lot, la compensation opérée entre lui créancier, et les cohéritiers de ce propriétaire actuel de la créance héréditaire.

IX. Il est permis de renoncer, même d'avance, à la compensation.

X. Celui qui a payé par erreur une créance éteinte par compensation a le choix entre l'exercice complet de son action primitive (même contre les tiers), et la *condictio indebiti*.

XI. Le débiteur qui voudra se prévaloir de la compensation légale ne sera cependant pas contraint de prouver sa propre créance par un

écrit, si elle ne dépasse pas 150 francs, alors
même que son créancier aurait constaté la
sienne par un acte écrit.

PROCÉDURE CIVILE

I. Si, après une saisie-arrêt le saisi contracte
de nouvelles dettes, les nouveaux créanciers
pourront saisir-arrêter, du chef du saisi, entre
les mains du tiers-saisi.

II. Le tribunal de commerce saisi d'une demande relative à une créance commerciale ne
peut connaître de la demande reconventionnelle
par laquelle le demandeur alléguerait qu'il a lui-
même contre son adversaire, une créance dont
l'existence serait subordonnée à une question de
la compétence des tribunaux civils : il ne peut
statuer que sur la demande principale.

DROIT COMMERCIAL

I. Bien que la compensation légale ne puisse
avoir lieu en cas de faillite, après le jugement
déclaratif, cette compensation sera admise
quand les deux dettes dériveront du même contrat et seront corrélatives.

DROIT PÉNAL

I. La loi du 26 mai 1819 ne punit pas la diffamation envers les morts.

II. La chose jugée, au criminel, lie le juge au civil.

HISTOIRE DU DROIT

I. L'origine du droit de main morte qu'avait le seigneur sur les biens de ses serfs, vient du droit analogue auquel étaient soumis les Latins Juniens.

DROIT ADMINISTRATIF

I. En cas d'expropriation pour cause d'utilité publique d'une partie d'un immeuble, si la plus-value, résultant des travaux, procurée au reste de cet immeuble, se trouve égale ou supérieure à la valeur du terrain pris, l'indemnité ne peut être compensée, pour le tout, avec la plus-value.

II. Si les terrains expropriés pour cause d'utilité publique ne reçoivent pas cette destination, l'acquéreur d'une parcelle contiguë à celle qui avait été expropriée ne peut pas agir pour en demander la remise, à moins que son titre ne lui ait accordé ce droit éventuel.

DROIT DES GENS

I. Les meubles qui garnissent l'hôtel d'un ambassadeur ne peuvent, en vertu du principe d'exterritorialité, être frappés du privilége du bailleur.

II. Du droit de conservation résulte pour les nations le droit de s'opposer à l'agrandissement démesuré d'un peuple voisin, de maintenir en un mot, un juste équilibre entre les puissances étrangères et de prendre ainsi ses précautions contre les envahissements d'une nation qui pourrait à elle seule faire la loi aux autres si l'on n'y mettait obstacle.

Vu par le président,
A. VALETTE

Vu par le doyen,
G. COLMET DAAGE

Vu et permis d'imprimer ;
LE VICE-RECTEUR DE L'ACADÉMIE DE PARIS,
A. MOURIER.

TABLE DES MATIÈRES

FIN

191. — Abbeville, imp. Briez, Ch. Paillart et Retaux.

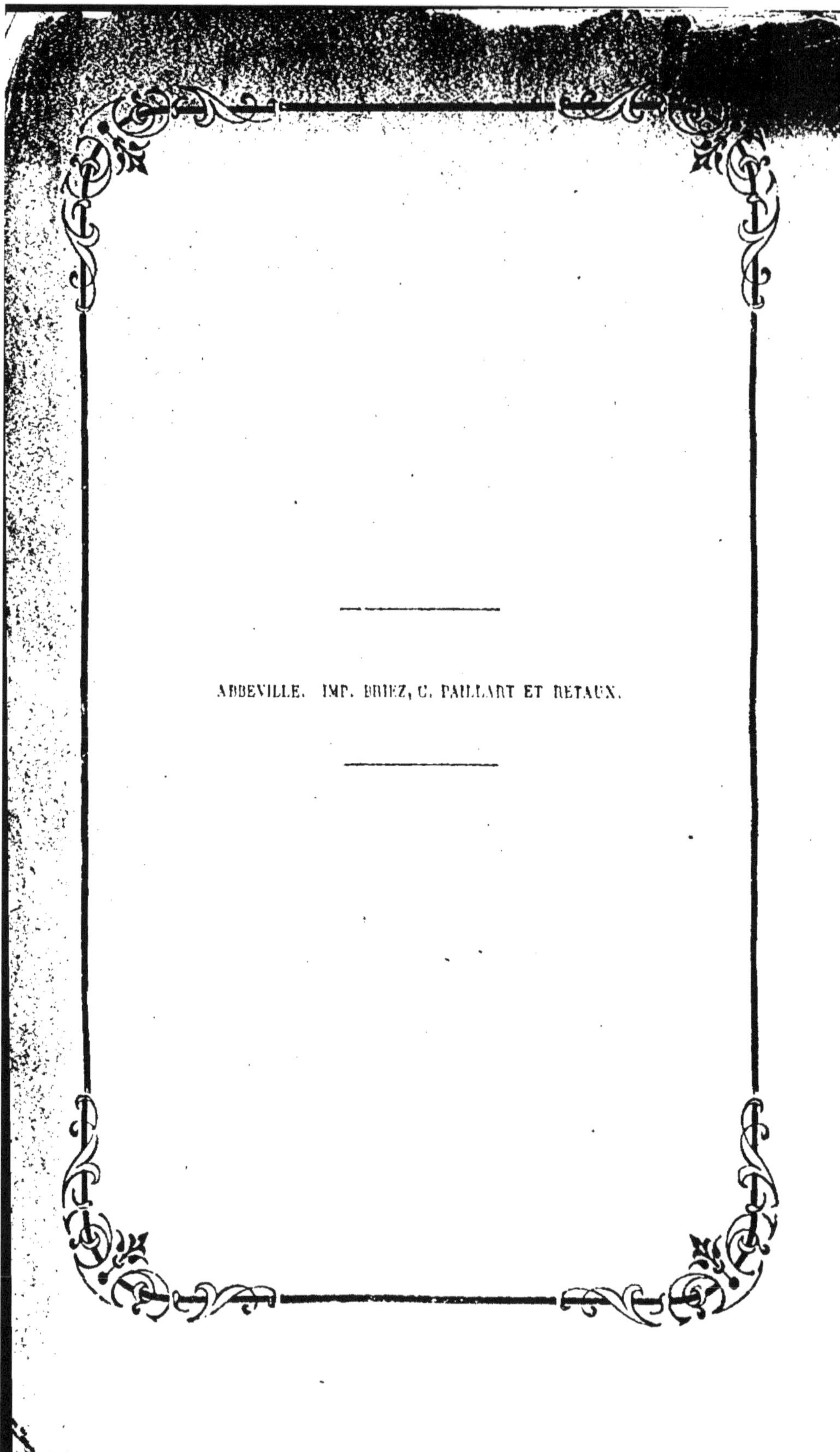

ABBEVILLE. IMP. BRIEZ, C. PAILLART ET RETAUX.

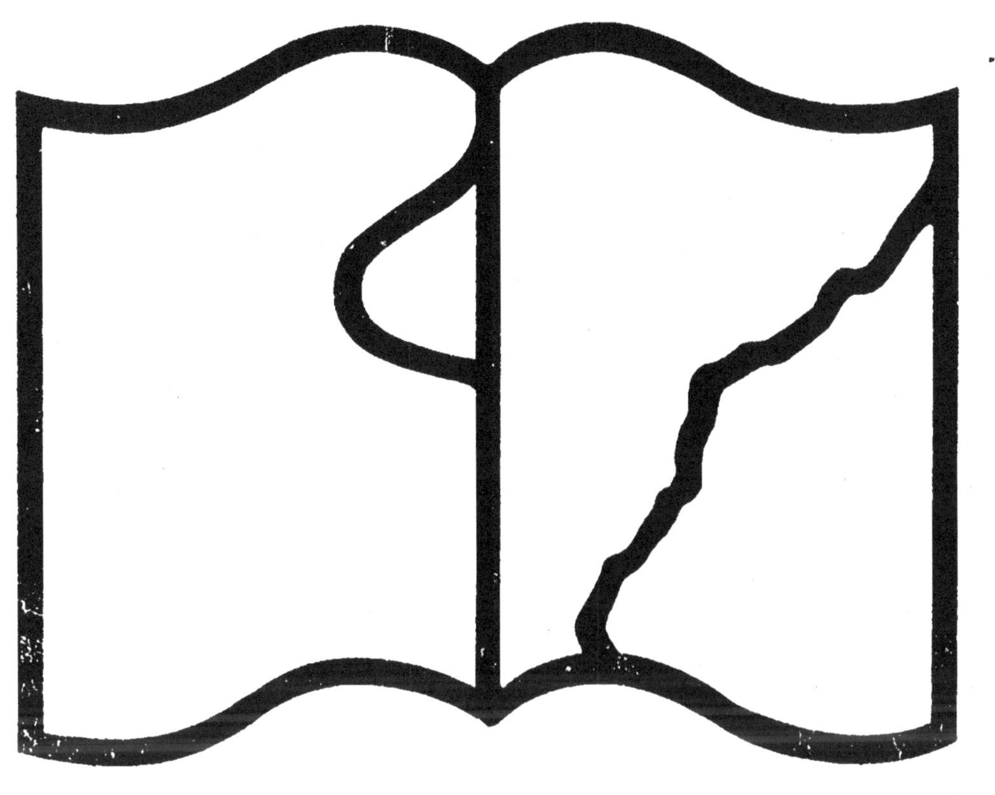

Texte détérioré — reliure défectueuse

NF Z 43-120-11

Contraste insuffisant

NF Z 43-120-14

www.ingramcontent.com/pod-product-compliance
Ingram Content Group UK Ltd.
Pitfield, Milton Keynes, MK11 3LW, UK
UKHW022209120726
13694UKWH00002B/471